André Kürzel

Produktionssystem, Fertigungssteuerung, Toyota und Kata - durch Konsequenz zur Exzellenz

Impressum

4. Auflage 2017

Texte:
Copyright: © 2017 by André Kürzel
79618 Rheinfelden
Alle Rechte vorbehalten.

Titelbild und Abbildungen:
Copyright: © 2017 by André Kürzel
Abbildung 15 © by TRUMPF
Alle Rechte vorbehalten.

eBook
published by Amazon Kindle Direct Publishing KDP

Gedruckte Ausgabe
published and printed by BoD-Books on Demand, Norderstedt.
ISBN 978-3-7347-6322-9

Die Deutsche Nationalbibliothek verzeichnet diese Publikation in der Deutschen Nationalbibliografie.

Danksagung

Prof. Dr. Manfred Holzer

Dr. Patrick Werner

Dr. Jürgen Dillmann

Harald Hertweck

Stefan Schwerdtle, Werkleiter FESTO Scharnhausen

Bernhard Zipko, Leiter Produktion TRUMPF Pasching/Austria

Inhalt

Einleitung

„Erfahrung heißt gar nichts.
Man kann seine Sache auch 35 Jahre schlecht machen."
Kurt Tucholsky

Wenden Sie in Ihrer Firma den PDCA-Zyklus an?

Obwohl das Grundprinzip aus „plan, do, check, act" generell einfach zu verstehen ist, wissen die meisten Mitarbeiter nicht, was sich hinter den Worten konkret für ihr Tagesgeschäft verbirgt.
Gibt es in Deutschland überhaupt ein Unternehmen, das die vier Schritte so beschrieben hat, dass der PDCA-Kreis bei der kontinuierlichen Verbesserung als Abfolge konkret angewendet werden kann?
Nur eine klar definierte Routine kann in Fleisch und Blut der Mitarbeiter gehen.

Abbildung 1:
Der von Toyota-Gurus vielzitierte und in der Industrie wenig konkret angewendete PDCA-Zyklus oder Demingkreis.

In der Firma sind wir oftmals stolz darauf, dass wir Probleme individuell lösen, statt konsequent nach Rezept zu arbeiten. Wir überlassen die konkreten Herangehensweisen zur Problemlösung den Mitarbeitern.

Also rein ins kalte Wasser?

Immerhin haben viele so schwimmen gelernt. Meiner Meinung nach, werden Mitarbeiter auf diese Weise mit den Problemen alleine gelassen. Besser wäre es, bewährte Abläufe im Unternehmen zu finden, zu perfektionieren, zu trainieren und konsequent anzuwenden. Weniger ist mehr.

„Die Dinge sind nie so, wie sie sind.
Sie sind immer das, was man aus ihnen macht.“
Jean Anouilh

Sportlichkeit wurde nicht allen von uns in die Wiege gelegt. Unabhängig davon können wir unsere Fitness durch Training enorm steigern. Ein guter Trainer wird darauf achten, dass die festgelegten Übungsabläufe konsequent umgesetzt werden. Das macht hinterher den Unterschied.

Dieses Buch soll

- die Anwendung von Toyotas Philosophie beleuchten und verständlich machen,
- die Vorteile einer Fließfertigung, einer Engpasssteuerung und einer Minimierung von Puffern verdeutlichen,
- den Blick für das konsequente Arbeiten am Zielzustand schärfen,
- Mut machen, Standards bzw. Routinen festzulegen und weiterzuentwickeln,
- Lösungsansätze von deutschen Weltklasse-Unternehmen wie BMW, Endress+Hauser, FESTO, SEW, TRUMPF und WMF zeigen.

Es würde mich freuen, wenn dies gelingt.

André Kürzel
kuerzel@web.de

1. Kapitel

Toyota hat es mit seinem
Produktionssystem vorgemacht
—

das Einzige, was fehlt,
ist Konsequenz

Der steinige Weg zur Einfachheit

„Wenn Sie nicht wissen, wo Sie hinwollen und was Sie erreichen wollen, brauchen Sie gar nicht erst loszugehen."
Mike Fischer

Was haben wir denn bisher von Toyota gelernt?

„5S" kommt uns da sofort in den Sinn - „genau, das ist doch das Aufräumen in fünf Schritten, aber leider fallen mir gerade nur drei Stufen ein".
Das ist symptomatisch. Wir übernehmen Lean-Methoden oftmals unreflektiert, d.h. ohne sie auf unser Unternehmen zu übertragen oder konsequent zu leben.

Damit lassen wir zu, dass Methoden halbherzig nach Gusto verwendet werden. Aus 5S wird „sauber machen" und der PDCA-Regelkreis steht für „werdet kontinuierlich besser". Das Ganze nennen wir dann Werkzeugkasten und jeder darf sich das rauspicken, was er für richtig hält – schließlich kann man ja auch mit einer Zange einen Nagel in die Wand schlagen.

Die Fülle an neuen Methoden und Werkzeugen nimmt zu, ohne dass wir das Alte richtig nutzen oder im Sinne einer kontinuierlichen Müllabfuhr entsorgen.

Wir überfrachten die Mitarbeiter mit Informationen - nach dem Motto:

- „wenn wir viele Werkzeuge bereitstellen, wird schon etwas davon nützlich sein – viel hilft viel",
- „wenn in der Firma etwas haarklein beschrieben ist, dann ist auch sichergestellt, dass es funktioniert".

Aus Angst, Fehler zu machen oder Dinge nicht detailliert genug zu beschreiben, verkomplizieren wir unsere Abläufe – streng nach der Devise „beschreiben wir es – dann sind wir auditfähig".

Am Ende wundern sich „Bürokraten" und „inkonsequente Visionäre" gleichermaßen, dass sich keiner im Unternehmen an die niedergeschriebenen Prozessvorgaben hält.

„Der Verzicht nimmt nicht. Der Verzicht gibt.
Er gibt die unerschöpfliche Kraft des Einfachen."
Martin Heidegger

Das Management macht sich nicht immer die Mühe, wichtige Unternehmens- oder Abteilungsziele klar und unmissverständlich darzustellen.

Unterschiede bei der Auslegung sorgen dann für Verwirrung und Unruhe „im Hintergrund". Deshalb ist es wirkungsvoller sich auf das Wesentliche zu konzentrieren und das Vereinbarte konsequent einzufordern.

Der Weg zur Einfachheit

- Klares Ziel
- Wenige Kennzahlen
- Budgetierung auf maximal 2 Seiten, minimale „Gewerkschafts-Rituale"
- Controlling- statt Buchhalter-Mentalität
- Mut, Vertrauen und gesunder Menschenverstand
- Reduzierung auf das Wesentliche
- Kontinuierlich „die Kleinigkeiten" verbessern
- Kurze verständliche Beschreibungen
- Ständige Müllabfuhr bei Methoden und Werkzeugen
- Konsequenz

Jeder Mitarbeiter im Unternehmen kann Informations-Ballast über Bord werfen und damit schneller, effektiver und erfolgreicher werden.

Dies ist harte Arbeit und erfordert Disziplin. Hier hat gerade das Top-Management einen großen Einfluss, denn die Reduzierung von Orientierungslosigkeit führt zu Produktivität im Unternehmen.

Toyotas Produktionssystem ist kein Werkzeugkasten

**„Denk an die großen Dinge, wenn du kleine Dinge tust,
damit all die kleinen Dinge in die gewünschte Richtung führen."**
Alvin Topfler

Trotz der in letzter Zeit aufgetretenen Qualitätsprobleme ist Toyota nach wie vor der erfolgreichste und umsatzstärkste Automobilhersteller der Welt. Die Rendite ist fast dreimal so hoch wie beim VW-Konzern.
Das Toyota-Produktions-System gilt immer noch als das weltweit erfolgreichste Produktions-Zielsystem. Es dient als Grundlage bzw. Vorbild für die meisten Unternehmen, die Lean Management oder Kaizen eingeführt haben.

Das Toyota-Produktions-System TPS

- ist eine Denkweise / Einstellung im Management,
- ist nicht nur eine Methodensammlung,
- ist ein ständiges Streben in Richtung Nordstern,
  nach einem noch nicht erreichten Idealzustand:

- 0-Fehler im Prozess und Produkt,
- Durchlaufzeit gleich Wertschöpfungszeit,
- in Losgröße 1 nach Kundenauftrag hergestellt.

Die Fließfertigung als Herzstück des Toyota Produktions-Systems wurde nicht von den Japanern erfunden.
Ford wurde seinerzeit von der Toyota-Führung besucht. Das prinzipielle Flussziel wurde damals von den Japanern als ultimativer Zielzustand erkannt: alle Teile sollen ununterbrochen und mit hoher Qualität von wertschöpfender zu wertschöpfender Tätigkeit fließen,

d.h. mit geringster Verschwendung und letztlich mit höchster Profitabilität.

Dieser Zielzustand wird von Toyota als ihr "True North", also ihr Nordstern, bezeichnet.

Was macht bis heute den Unterschied zu anderen Unternehmen aus?

Konsequenz

Toyota hat seine bis heute gültigen Ziele diszipliniert und unbeirrt verfolgt. Bewährte Prinzipien und Methoden wurden weiterentwickelt und in der Organisation verbreitet. Die ganzheitliche Denkweise und die Kultur wird konsequent (vor)gelebt.

Abgeleitete Ziele des Toyota-Produktions-Systems

* Vorleben der langfristig angelegten Unternehmensphilosophie
* Schlanke, robuste und standardisierte Prozesse
* Qualitätskultur, Abweichungen vom Standard sofort angehen
* Kontinuierliche Eliminierung von Verschwendung
* Lösen der Probleme am Ort des Geschehens (Gemba)
* Low cost automation
* Vermeidung von Überproduktion
* Produzieren im Kundentakt
* Geschäftspartner fordern und unterstützen
* Konsequenz, aber nicht unbedingt Perfektion

Der Weg ist das Ziel und diesen versucht Toyota verschwendungsarm zu erreichen. Denn obwohl Toyota 5S erfunden hat, sind die Japaner bei Sauberkeit kein Vorbild – zumindest gemessen an deutschen Standards.

Toyota & Co minimieren eben jeglichen Luxus und setzen lean mit „low cost" gleich, was optisch nicht immer perfekt aussieht.

Falls Sie schon mal in einer Toyota-Fabrik waren, werden Sie feststellen, dass die Deutschen inzwischen sauberere Fabriken haben. Dies ist ein typisches Beispiel dafür, dass deutsche Firmen dann etwas konsequent umsetzen, wenn das Ziel von der obersten Führung verstanden, klar formuliert und ernsthaft eingefordert wird.

Die zwei Säulen des Toyota Produktionssystems

„Einfachheit ist die höchste Stufe der Vollendung."
Leonardo Da Vinci

Das Toyota-Produktionssystem TPS wurde von vielen deutschen Unternehmen kopiert. Meistens hat man das Methodengebäude mit Praktiken und Prinzipien imitiert oder noch einfacher: Man hat alle Tools und Techniken, die im eigenen Unternehmen schon mal im Einsatz waren aufgelistet und dies dann Werkzeugkasten des Produktionssystems genannt.
Sinnfragen können jedoch nicht aus Methoden abgeleitet werden.

Abbildung 2:
Vereinfachtes „House of Production"

Der Toyota-Erfolg gründet eben nicht nur auf den Tools des Toyota Produktionssystems, sondern vor allem auf einem Managementsystem mit Verhaltensweisen, die tief in der japanischen Tradition und Lebensweise verwurzelt sind. Trotzdem gibt es hier einiges, das auch gerade zu unserer deutschen Mentalität passt.

Erstaunlich finde ich zum Beispiel, dass sich die Kombination aus den beiden zentralen Toyota-Säulen in Deutschland kaum durchgesetzt hat:

- Jidoka - ziehe die Reißleine sobald ein Problem auftaucht und löse es schnell bzw. nachhaltig. Jidoka fristet im Gegensatz zu Just in time (JIT) immer noch ein Schattendasein.
- JIT - produziere punktgenau im Kundentakt ohne Verschwendung.

Die beiden polaren Säulen scheinen sich im ersten Augenblick zu widersprechen. Beide zielen jedoch auf fehlerfreie schlanke Prozesse.

Jidoka

Jidoka bedeutet, dass die Arbeit sofort unterbrochen wird, wenn eine Störung auftritt.
Jidoka stand ursprünglich dafür, dass sich Maschinen unmittelbar abschalten sobald eine Störung auftritt, d.h. der Einsatz von Sensoren soll einen mannlosen Betrieb ohne Kollisionen ermöglichen.

Das Prinzip steht heutzutage dafür, dass Mitarbeiter am Montage-band eine Reißleine ziehen, wenn eine Unregelmäßigkeit auftritt. Die Störung wird dann normalerweise an der Andon-Tafel angezeigt.

Andon

Ein Informations-Instrument, das bei einer Abnormalität in der Produktion eine sicht- oder hörbare Warnung ausgibt, definiert Toyota als Andon.

Bei einer Störung leuchtet bei der jeweiligen Arbeitsstation ein Lichtsignal und/oder es ertönt eine bestimmte Musik, damit die Beteiligten erkennen, wo sich die Störung ereignet hat, zum Beispiel könnte Beethoven für ein Problem bei der Sitzmontage stehen. Somit kann sich der Vorarbeiter zielgerichtet auf den Weg zum Störungsbereich machen.
Ein weiteres Signal zeigt an, dass an dem Problem gearbeitet wird. Das Team hat nun ein Zeitfenster, um das Problem zu lösen bevor das Fertigungsband zum Stillstand kommt.

Heutzutage geht der Trend zur Andontafel, auf der alle wichtigen Statusinformationen der Fertigungseinheit abzulesen sind, z.B. die produzierten Einheiten einer Schicht, der Grad der Liefertreue oder Betriebsmittel mit einer Störung.

Abbildung 3:
Andon-Tafel mit wichtigen Statusinformationen der Fertigungseinheit (Beispiel)

Als langjährige Produktionsfachleute können wir uns schwer vorstellen, dass ein Vorarbeiter/Teamleiter in der Lage ist, allen Abweichungen und Fehlern, die in der Fertigung auftreten, augenblicklich nachzugehen.

Ein Grund ist, dass Kapazität im Unternehmen vorhanden sein muss, um kunden- bzw. unternehmensrelevante Probleme zeitnah abstellen zu können. Der Hauptgrund ist, dass unsere Prozesse nicht das notwendige stabile Niveau aufweisen, damit wir zulassen können, dass die „Reißleine" jederzeit gezogen werden könnte, ohne Chaos zu befürchten.

Auf der anderen Seite müssen Sie erst recht dann aktiv werden, wenn Sie bei Problemen den Wald vor lauter Bäumen nicht mehr sehen. Das Ziel muss sein, die Prozesskette so zu stabilisieren, dass auftauchende Probleme zeitnah gelöst werden können. Arbeiten Sie nicht an der Beseitigung von Symptomen, sondern fragen Sie solange „warum" bis Sie auf das wahre Problem bzw. die Ursache gestoßen sind.

Praxisbeispiel

Mike Rother berichtet in seinem „Kata-Buch" von einem Toyota Montagewerk, in dem 1000 Andon-Reißleinen-Züge pro Schicht eingeplant waren, d.h. 1000 mal in einer Schicht hat ein Mitarbeiter seinen Teamleiter angefordert, um Unterstützung wegen eines Problems zu erhalten.

Als die Anzahl seinerzeit auf durchschnittlich 700 Reißleinen-Züge pro Schicht sank, wurde das nicht etwa gefeiert, sondern der Präsident berief eine Vollversammlung ein, um an die Verantwortung der Mitarbeiter zu appellieren, die Andonleine wirklich bei jedem Problem zu ziehen (Rother, 2009).

Verschwendung entdecken – reine Übungssache?

Erfolg ist die Kunst, dem Sinnvollen das Rentable vorzuziehen."
Helmar Nah

Das Fundament des Toyota-Wegs ist, alles das zu beseitigen, was nicht direkt zur Wertschöpfung beiträgt (japanisch „Muda").
Der deutsche Begriff „Verschwendung" hat sich an dieser Stelle durchgesetzt, obwohl er wie „waste" im Amerikanischen etwas unglücklich nach „sorglosem Umgang mit Ressourcen" klingt.

Verschwendungsarten nach Taiichi Ohno

Transporte (Transportation)
Transportieren jeglicher Art ist nicht wertschöpfend.

Materialbestände in der Produktion und im Lager (Inventory)
Bestände erzeugen Kapital-, Verschrottungs-, Gebäude-, Such- bzw. Komplexitätskosten und eine schlechte Liquidität.

Unnötige Bewegungen des Bedieners und der Maschine (Motion)
z.B. ungünstige Arbeitsplatzergonomie.

Wartezeiten des Bedieners und der Maschine (Waiting)
z.B. durch fehlendes Material oder durch fehlende Fülltätigkeiten

Überflüssige Prozesse (Over-Processing)
z.B. irrelevante Kontrollmessungen, unnötige Werkzeugbewegungen.

Überproduktion (Over-Production)
z.B. Aufbau von Beständen, Produktion obwohl keine Kundenaufträge bestehen.

Ausschuss/Nacharbeit (Defects)
z.B. Nacharbeit durch Fehler oder ungenügende Materialqualität.

Die ersten Buchstaben der Verschwendungsarten in der englischen Schreibweise ergeben die Eselsbrücke TIMWOOD.

Bei genauem Hinsehen gibt es weit mehr Arten der Verschwendung, zum Beispiel durch ein falsches Produktdesign, eine ungenügende Informationsübermittlung oder eine unzureichende Nutzung von Fähigkeiten.

Vermeidbare Verschwendung muss unverzüglich beseitigt werden.

Wenn Sie den Gesamtprozess im Detail betrachten, den ein Produkt im Unternehmen durchläuft, werden Sie über viel Verschwendung stolpern. Die Kunst ist es, diese Verbesserungspotenziale als solche zu erkennen und die Verantwortlichen von besseren Lösungen zu überzeugen. Es kostet manchmal erstaunlich viel Kraft. einfachere Wege zu gehen.

Eine der offensichtlichen Verschwendungen in deutschen Betrieben ist nach wie vor die Überproduktion. Viele Firmen dulden hohe Umlaufbestände und Fertigwarenbestände aus falsch verstandenem Kosten- und Sicherheitsdenken.
Wir lasten Maschinen ohne Not mit großen Losen aus und kaufen große Mengen ein, weil uns beigebracht wurde, dies sei wirtschaftlich. Wir finanzieren hohe Vorräte und damit eine unnötige Kapitalbindung und sind dennoch nicht durchgängig lieferfähig. Genau an dieser Stelle sind wir oftmals betriebsblind oder tun uns schwer, liebgewonnene Gewohnheiten zu verändern.

Praxisbeispiel

Bei der Firma WMF war ich seinerzeit für die Produktion von Chafing Dishes verantwortlich. Dies sind große Serviergeräte, bestehend aus einem Gestell, einem Wasserbad, einem Deckel und unterschiedlichen Griffen.

Trotz einer vertretbaren Varianz und einem Fertigteil-Lagerbestand von mehreren hundert Paletten konnten wir viele der Liefertermine nicht erreichen.

Der Teufelskreis bestand darin, dass der Vertrieb aus fehlendem Vertrauen zur Liefertermintreue bereits einige Monate vor der geplanten Auslieferung im Lagersystem Reservierungen tätigte. Die Folge war, dass ein Modell zwar auf Lager sein konnte, aber eine Auslieferung durch die Reservierung verhindert wurde.

Was hätten Sie getan?

Unsere Maßnahme auf Produktionsseite bestand darin, Griffe nur noch zu schrauben und das mit einem einheitlichen Lochabstand. Vorher gab es hier eine gewachsene Struktur unterschiedlicher Griffe und Befestigungsarten.

Noch wichtiger war es, das Fertigteilelager aufzulösen und dafür ein Komponentenlager einzurichten. Durch die Auflösung und Demontage des Fertigwarenlagers war die Versorgungssicherheit an Komponenten von Anfang an gegeben. Unter dem Strich reduzierten wir den Gesamtbestand an Paletten jedoch um 50%. Die Montage und die elektrische Prüfung der Geräte erfolgten ab diesem Schritt nur noch direkt im Komponentenlager. Leere Lagerplätze wurden per Kanban-Auftrag wieder nachproduziert.

Wir als Produktion sicherten dem Vertrieb zu, eine bestimmte Stückzahl pro Tag innerhalb von 24 Stunden ausliefern zu können - dies entsprach 100% mehr Montageleistung als im Durchschnitt notwendig war. Reservierungen waren im Gegenzug systemtechnisch nicht mehr möglich.

Zugegeben, am Anfang habe ich schlecht geschlafen – die Sorge war jedoch unbegründet, denn ab diesem Tage kamen wir nie wieder unter 90% Liefertreue und dies trotz einer Halbierung der Lagerfläche- bzw. der Bestandskosten.

2. Kapitel

Die traditionelle Sichtweise
beherrscht immer noch
unser Vorgehen

–

Einfachheit
in der Fertigungssteuerung
und Produktion
durch
Fließfertigung und eine
engpassorientierte Denkweise

Traditionelle Sichtweise in der Produktion

„In traditionellen Unternehmen wird das Einhalten von gemachten Organisationsvorschriften als Mittel genutzt, um die Unternehmung funktionsunfähig zu machen."
Eberhard Seidel

Das Hauptziel eines Unternehmens ist nach traditioneller Auffassung die Gewinnmaximierung. Damit wird die Minimierung der Kosten in den Mittelpunkt gestellt. Diese Haltung impliziert eine Art Kurzsichtigkeit, nämlich langfristig richtige Maßnahmen nicht durchzuführen, wenn sie sich nicht sofort einer Kosteneinsparung zuordnen lassen. Selbst die Firmenkultur wird als Werkzeug im Zielerreichungsprozess geplant und eingesetzt. Es bestehen Unterschiede zwischen der formalen und der informellen, tatsächlich existierenden, Organisation.
Vorgesetzte werden mit Routinearbeiten zugedeckt, so dass sie keine Zeit mehr haben, ihre eigentlichen Aufgaben wie Führen und Anleiten zu bewältigen. Da alles nach Plan laufen soll, werden Abweichungen als Störungen oder Schwachstellen verstanden, die verhindert werden müssen. Fehler werden deshalb von Mitarbeitern vertuscht.

Sichtbare Symptome in der Produktion traditioneller Unternehmen (frei nach Suzaki)

- Zuviel Ware im Betrieb (Work in Progress, WIP)
- Unordnung in Bezug auf Ware im Betrieb
- Abweichungen vom Standard werden toleriert
- Mitarbeiter machen ungeplante Tätigkeiten, damit der Laden läuft
- Mitarbeiter sind schlecht informiert
- Mitarbeiter bringen ihre Ideen nicht ein

Die Passivität wird durch die mit der schiebenden Fertigung verbundenen Bringschuld noch weiter gefördert.
In diesem Selbstverständnis verhindern (zeitgemäß: verdecken) Bestände störanfällige Prozesse.

Unternehmen, die bereits seit Jahren Methoden und Prinzipien eines Produktionssystems anwenden, werden an dieser Stelle den Kopf schütteln und sagen: „Die traditionelle Sichtweise ist doch schon lange aus unseren Köpfen".
Auf dem Papier schon, aber in Wirklichkeit gibt es immer noch genug Verantwortliche in der Fertigung, die der Meinung sind: „Fließfertigung ist eine tolle Sache, aber das geht bei uns nicht" oder „Das Reduzieren der Puffer zwischen den Prozessen geht auf Kosten der Produktivität und Flexibilität".
Dieses falsche Sicherheitsdenken zieht sich leider vom Disponenten und Gruppenleiter über den Abteilungsleiter bis zum Bereichsleiter hoch. Keiner will unangenehm auffallen. Warum sollte ein Fertigungsleiter seine Bestände reduzieren, wenn dies Sicherheit gibt und genau diese Argumentation von seinen Chefs gefördert bzw. geduldet wird?

Fertigungssteuerung - folgende Mängel treten in der Praxis auf

- Arbeitsteilung statt Komplettbearbeitung in einer Linie
- Material fließt nicht (Lokal- statt Prozessoptimierung)
- Die „optimale Losgröße" wird zu hoch angesetzt
- Die Losgröße orientiert sich zu wenig an der optimalen Transporteinheit (z.B. eine Blechtafel als Rohmaterialgebinde)
- Einzelne Fertigungsaufträge sind kaum mehr differenziert zu verfolgen (außer durch „Terminjäger")
- Hoher Aufwand bei der Feinplanung
- Große Streuung der Durchlaufzeit
- Unwirksame Prioritätensteuerung
- Keine Korrelation zwischen Priorität und der erreichten Durchlaufzeit

Es besteht ein weit verbreitet Glaube, dass Stabilität hauptsächlich von der Leistung der Maschinen und Menschen bestimmt wird. Das ist nur eine Seite der Medaille. Gerade fehlende Prozessstabilität sorgt für schlechte Liefertreue bzw. Effizienz und ist insbesondere an folgenden Kriterien zu erkennen:

- Schwankende Ausbringung, z.B. in Einheiten pro Tag
- Schwankende Puffer zwischen den Prozessen
- Vorgesehene Bereitstellplätze reichen oftmals nicht aus
- Änderungen an der idealen Abfolge einzelner Arbeitsschritte wenn Probleme auftauchen, z.B. bei einem Anlagen- oder Arbeitsausfall
- Mitarbeiter haben eine vom Plan abweichende Arbeitsweise entwickelt
- Der Maschinenbediener der zweiten Schicht rüstet eine bis dato in der ersten Schicht funktionierende Maschine um, weil er meint damit besser produzieren zu können
- Falsch verstandene Delegation von Verantwortung an die Mitarbeiter, zum Beispiel: der Mitarbeiter hat einen Spielraum, wie er gewisse Arbeitsschritte durchführt und wie viel Puffer er erzeugt, denn „er weiß am besten, wie man diese Teile idealerweise fertigt"
- Beschreibung der Prozesse mit den Worten „meistens", „normalerweise","außer wenn", etc. (die Abweichung als Norm)

Die Traditionelle Auffassung eines Teamleiters/Meisters

- Zusammenfassen von Aufträgen reduziert die Rüstkosten
  => **führt zu Langliegern** (durch Überholen von Aufträgen)
- Einsatz von geübten Mitarbeitern erhöht die Produktivität
  => **führt zu Langliegern** (Aufträge warten auf Mitarbeiter mit speziellen Fertigkeiten)
- Vermeidung von Flexibilität findet Akzeptanz der Mitarbeiter
  => **führt zu Langliegern** (Aufträge warten auf Mitarbeiter, die trotz hoher Auslastung fehlen dürfen)

Wann ist ein Disponent ein guter Disponent?

„Wir verkürzen die Durchlaufzeit, indem wir alle Bestandteile eliminieren, die keinen Mehrwert generieren"
Taiichi Ohno

Wann ist ein Fertigungsleiter ein guter Fertigungsleiter?
Und wann ist ein Disponent ein guter Disponent?

Wenn er Termine hält und keine Fehlteile hat.
Also sorgt er für eine „gute" Bevorratung. Das ist menschlich.

Damit raubt er jedoch dem Unternehmen Chancen, die Problemursachen für Störungen zu finden und dauerhaft zu eliminieren.
Somit werden Durchlaufzeiten nicht auf das mögliche Minimum reduziert. Kurze Durchlaufzeiten sind jedoch die Basis einer guten und zuverlässigen Lieferfähigkeit.
Die fehlende Fähigkeit zur Reduzierung der Durchlaufzeiten auf ein minimales, aber verlässliches Niveau, schadet einem Unternehmen bereits heute massiv. Die Erreichung kurzer und verlässlicher Lieferzeiten wird in Zukunft ein noch entscheidender Wettbewerbsvorteil sein.

Aufgrund der derzeit niedrigen Zinsen gibt es Führungskräfte, die felsenfest davon überzeugt sind, dass Material in der Produktion minimale Kosten verursacht. Dies ist ein Irrglaube, denn es gehen neben Kapitalzinsen auch Kosten für den umbauten Raum, für Wartung, Schwund/Verschrottung, Versicherung, Steuern, Inventur, Transport und fehlende Transparenz ein.
Investitionen zur Bestandsreduzierung erhalten von Controllern tendenziell wenig Unterstützung, obwohl „wenig Material" ein wichtiger Faktor für eine gute Liquidität darstellt.
Jährliche Lagerkosten von 15 bis 30% des Lagerwerts stellen eine realistische Berechnungsgrundlage dar. Da die zurechenbaren

Kosten in der traditionellen Zuschlagkalkulation versteckt sind, wird dieser Faktor in Unternehmen normalerweise zu niedrig angesetzt.

Insbesondere der Punkt Transparenz ist monetär schwer zu bewerten, aber ein nicht zu unterschätzender Faktor. Intransparenz sorgt unbemerkt für Aufwände, die in den Grenzherstellkosten keine Berücksichtigung finden, wie z.B. das Steuern, das Suchen und den Transport von Teilen.

Warum ist Transparenz so wichtig für Steuerer und Disponenten?

Durch die Vielzahl an Teilen bzw. Aufträgen besteht bei konventionellen Dispositionsverfahren die Gefahr, dass vom Disponenten eine gut gemeinte, aber kontraproduktive Negativspirale in Gang gesetzt wird.

Abbildung 4:
Auswirkung von hohen Durchlaufzeiten auf Fertigungstermine

Der Anfang der Misere entsteht dadurch, dass die tatsächliche Durchlaufzeit für ein bestimmtes Teil nicht erreicht wird. Als Folge erhöht der Disponent oder Steuerer die Plandurchlaufzeit im SAP, wodurch Plan-Aufträge früher gestartet werden und somit noch mehr Aufträge in die Fertigung gedrückt werden. Wenn sich an dem Kapazitätsangebot in der Fertigung nichts ändert, werden die Aufträge jedoch nicht schneller fertig – sie warten nur länger vor der Maschine und die Übersicht für alle Beteiligten wird noch schlechter.

Die Folge ist, dass die Transparenz in der Fertigung kontinuierlich sinkt und dadurch falsche Prioritäten gesetzt werden:

- Der Meister/Fertigungsleiter sieht nicht mehr, welche Aufträge im Werkstattbestand neu oder dringend sind.
- Der Steuerer hat lange Auftragslisten und versucht den Meister durch Prioritätslisten zu helfen, die richtigen Aufträge auszuwählen. Es gibt nicht nur „wichtig", sondern auch „sehr wichtig" und „noch viel wichtiger". Deshalb verliert der Steuerer die Langlieger fast ganz aus seinem Blickfeld.
- Gleichzeitig nutzen die Fertigungsmitarbeiter oder der Meister die vielen Aufträge dazu, Rüstkosten zu sparen und fassen gleichartige Teile zusammen. Dies ist gut gemeint, denn es erhöht auf den ersten Blick die Produktivität. Es führt aber zu Fehlteilen, die mit hohem Aufwand angetrieben werden müssen. Unter dem Strich ist dies nicht nur schlecht für die Versorgungssicherheit, sondern auch noch unwirtschaftlich.
- In diesem „Chaos" steigt der Regieaufwand überproportional. Dadurch mutieren Steuerer und Vorarbeiter zu reinen Terminjägern.
- Strategische Ziele und die Optimierung der Auftragsbearbeitung gelangen vollkommen in den Hintergrund.
- Die Gefahr ist hoch, dass immer wieder mal Übergangszeiten im SAP erhöht werden, denn diese scheinen vermeintlich zu niedrig zu sein – begründet wird das mit „nicht erreichbaren Durchlauf- bzw. Lieferzeiten".
- Die Negativspirale läuft und läuft...

Die Kasse im Supermarkt – ein tolles Lernfeld

„Was nicht verstanden wird, kann nicht auf Verständnis hoffen."
Roman Herzog

Stellen Sie sich vor, Sie stehen vor mehreren Supermarktkassen. Bei einer Kasse steht nur ein voller Wagen, vor den anderen stehen jeweils zwei volle Einkaufswagen. Welche Schlange nehmen Sie?

Klar, die Kasse mit nur einem Wagen, d.h. die Reihe mit dem geringsten „Unterwegsbestand".

Wie viel schneller glauben Sie somit zu sein?

„Klar, zweimal so schnell!"

Für jeden, der schon mal an der Kasse im Supermarkt in der Schlange stand, ist diese Rechnung leicht nachvollziehbar: „Die doppelte Anzahl an Einkaufswagen vor der Kasse bedeutet die doppelte Wartezeit" oder auf die Produktion übertragen „doppelt soviel halbfertige Aufträge/Produkte in der Fertigung führen zur einer Verdoppelung der Durchlaufzeit".

„Ja, so einfach ist das!"

Wirklich?

Wenn es um die eigenen Bestände geht, verdrängen viele Führungskräfte diese Binsenweisheit, obwohl eine einfache Dreisatzrechnung dahinter steckt. Die Verringerung von Wartezeiten ist die Basis für niedrige Durchlaufzeiten und diese sind wiederum die Voraussetzung für kurze Lieferzeiten.

Angenommen, es würde uns gelingen, den Bestand an aktiven Vorräten zu halbieren, was wären die Erfolge?

- Die Durchlaufzeiten halbieren sich, zwangsläufig auch die Lieferzeiten,
- die Anzahl der gleichzeitig zu steuernden Fertigungs-aufträge und Bestellungen sinkt in ähnlichem Maße,
- am Markt wird das Unternehmen schneller und flexibler,
- der Verkauf braucht weniger weit in die Zukunft Planzahlen zu schätzen.
- Das reduziert das Bestandsrisiko für unsere Vorräte.

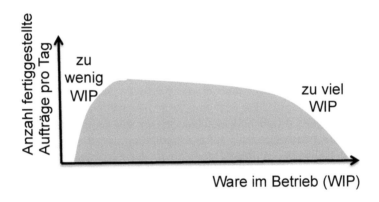

Abbildung 5:
Einfluss des WIP auf den Output einer Fertigungseinheit

Je weniger es Ihnen gelingt, Ihre Fertigungslinie auszutakten, um so mehr Ware im Betrieb (WIP) brauchen Sie, damit die Arbeitsplätze nicht leerlaufen. Eine weitere Erhöhung des WIPs führt jedoch nicht zu einer Erhöhung der Produktionsleistung.

Im Gegenteil.
Ab einer bestimmten Grenze entsteht immer mehr Blindleistung, so dass der Output der Fertigungseinheit weiter absinkt. Zum Beispiel

sind die Mitarbeiter dann überproportional mit Suchen und Rangieren von Teilen beschäftigt, aber auch Eilaufträge bringen den Produktionsplan verstärkt durcheinander.

Wenn Sie den Wasserspiegel der Umlaufbestände kontinuierlich senken, werden Sie das Optimum finden. Gleichzeitig werden Sie die wahren Probleme aufspüren, d.h. Sie stolpern über eine Vielzahl an lösbaren Hindernissen, wie zum Beispiel Maschinenprobleme, Unproduktivität oder Hemmungen des Gruppenleiters, der sich nicht traut, seine Mitarbeiter nach Hause zu schicken, wenn es nichts mehr zu tun gibt.

Wenn Sie dann konsequent sind bzw. einen langen Atem bei der Problemlösung zeigen, werden Sie mit kurzen und stabilen Durchlaufzeiten belohnt.

Abbildung 6:
Die Halbierung des Umlaufbestands verdoppelt den wertschöpfenden Zeit-Anteil an der Durchlaufzeit und halbiert die Liegezeiten

Es staut sich immer an der engsten Stelle

„Wenn Du alles unter Kontrolle hast, fährst Du zu langsam."
Rennfahrer Moss

Wenn Sie Ihre Fertigung betrachten, so kommt dem Engpass in Bezug auf die Kapazität eine entscheidende Bedeutung zu – das gilt für den Mensch oder/und die Maschine. Im Grunde genommen bestimmt alleine der Engpass den Durchsatz. Andere Maschinen mit ausreichender Kapazität spielen keine Rolle für die Gesamtleistung der Linie.

Warum ist das so?

Angenommen Sie fahren auf der Autobahn von Stuttgart nach München, es ist wenig los und überall fließt der Verkehr. Plötzlich entsteht ein Stau, der durch ein Hindernis verursacht wird.

Warum entsteht ein Stau auf der Autobahn?
=> und was lernen wir für die Produktion?

- Weil die Autofahrer bei erhöhter Verkehrsdichte langsamer statt schneller fahren => **Kapazitätsengpässe müssen schnellstmöglich beseitigt werden**
- Weil die Autofahrer zu oft beschleunigen und dann wieder abbremsen => **das Vorziehen von Aufträgen bremst andere aus und verschlechtert den Fluss in der Fertigung**
- Weil die Autofahrer durch Fahrbahnwechsel den Fluss zusätzliche unterbrechen => **jede egoistische Sonderaktion erhöht die Durchlaufzeit - auch wenn sie gut gemeint ist**
- Grundsätzlich denkt jeder an seinen eigenen Vorteil => **Suboptimierung und Schnittstellen erhöhen schädlichen Egoismus**

Der Stau bestimmt ganz entscheidend die „Durchlaufzeit" und damit die Ankunftszeit Ihrer Reise.

Die „freie Kapazität" außerhalb des Staus kann die verlorene Zeit nicht ausgleichen.

Umkehrschluss: Sie können noch so schnell auf der Autobahn fahren – ohne Stau sind Sie immer schneller. Sobald sie in einen Stau geraten, macht es keinen großen Unterschied mehr, ob Sie mit einem Fiat oder einem Ferrari unterwegs sind oder ob andere Autobahnabschnitte doppelt so viele Spuren haben.

Je länger ein Stau dauert, umso weniger helfen Beschleunigungsmaßnahmen außerhalb des Staus.

Erkenntnis

Je größer die Wartezeiten vor dem Produktions-Engpass sind, um so weniger nützen Maßnahmen zur Beschleunigung, die außerhalb des Engpasses liegen, d.h. Nichtengpässe haben nur einen unwesentlichen Einfluss auf den Durchsatz.

Im Gegenteil - die Nichtengpässe müssen freie Kapazität aufweisen, damit der Gesamtprozess funktioniert - dazu später mehr.

Wenn Sie die geplanten Stückzahlen in Ihrer Fertigung nicht erreichen, konzentrieren Sie sich bei der Optimierung vor allem auf den Engpass. Bohren Sie die Engpasskapazität schnellstmöglich auf, andere Betriebsmittel mit ausreichender Kapazität ordnen Sie dem Engpass unter.

„Eigentlich doch ganz einfach."

Versuche Sie es doch mal mit einer Positiv-Spirale.

Halbieren Sie 50 Prozent des Unterwegsbestands in einer Fertigungslinie durch eine Sonderschicht am Samstag. Im gleichen Zug wird die Plandurchlaufzeit im SAP radikal reduziert (30% - 50%). Die Folge ist, dass der Disponent die Plan-Aufträge später freigibt. Somit bleibt die Anzahl der Fertigungsaufträge in die Fertigung konstant niedrig.

Die Übersicht in der Fertigung und beim Steuerer ist dadurch wesentlich besser als davor. Dadurch bleiben keine Aufträge versehentlich liegen - zumindest entfällt die zermürbende Suche.

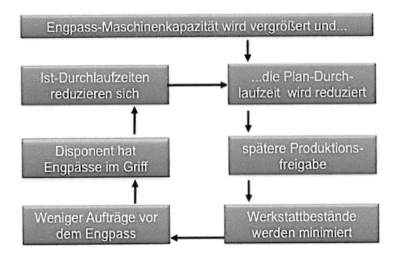

Abbildung 7:
Auswirkung von einem geringerem Auftragsbestand

Der halbe Unterwegsbestand führt zu einer halbierten Durchlaufzeit und dies führt zur Einhaltung der Liefertermine oder noch besser: Sie können Ihre Lieferzeiten ebenfalls reduzieren.

Versuchen Sie es doch einmal (an Ihre Situation angepasst).

Der Engpass - es kann nur einen geben

„Ausnutzungsgrade von Nichtengpässen werden nicht durch ihr eigenes Potenzial, sondern durch andere Sachzwänge des Systems bestimmt"
Eliyahu M. Goldratt

Goldratt formulierte bereits 1992 in seinem Buch „Das Ziel", dass der Engpass für den „Output" einer Produktion alles entscheidend ist. Seine Engpasstheorie „Theory of Constraints" besagt, dass in jeder Wertschöpfungskette nur genau ein begrenzender Faktor existiert, der den Durchsatz bestimmt.

„Das Ziel" liest sich wie ein packender Roman. Die Hauptfigur, der Fabrikleiter Alex Rogo, bemüht sich verzweifelt, die Leistung seines Werks zu steigern. Er hat neunzig Tage Zeit, um es zu retten. Gelingt ihm das nicht, so wird die Fabrik von der Unternehmenszentrale stillgelegt.
Alex Rogo erkennt Parallelen zwischen einer Wanderung und seiner Fertigung. In der Wandergruppe entpuppt sich ein untersetzter unsportlicher Junge als der begrenzende Faktor. Er ist der Engpass (englisch Constraint), der die Ankunftszeit der ganzen Gruppe bestimmt.
Alex Rogo setzt den Jungen an die Spitze und verteilt sein störendes Gepäck auf die anderen Schüler. Er beschleunigt das Gesamtsystem und sorgt dafür, dass alle gleichzeitig ankommen. Dadurch wird ihm klar, wie er den Ausstoß seiner Fertigung erhöhen kann.

Haben Sie einen schlechten Liefergrad?

Dann befindet sich der begrenzende Faktor in der Produktion – normalerweise ein stark ausgelasteter Arbeitsplatz, d.h. eine Maschine oder sogar nur ein zugehöriger Mitarbeiter.

Aber wo liegt das Problem?

Jede Fertigungsabteilung, jedes Team, jeder Mitarbeiter versucht effizient zu sein. Dies wird im Unternehmen anhand der Produktivitätskennzahl gemessen und verfolgt. Mitarbeiter werden belohnt, wenn sie besonders viel produzieren – die Botschaft funktioniert auch ohne Akkordprämie.

Die Folge davon ist: es werden alle Ressourcen - Mensch und Maschine - bestmöglich ausgelastet. Es entstehen lokale Effizienzen, die lange Durchlaufzeiten und eine schlechte Liefertermintreue zur Folge haben können.

Warum ist das so?

Wenn der Output oder die Produktivität die entscheidende Messgröße darstellt, tendieren Verantwortliche dazu, Aufträge zusammen zu fassen, um Rüst- bzw. Vorbereitungszeiten zu sparen. Abteilungen, aber auch Mitarbeiter, vermeiden problematische Arbeitsschritte und wählen aus diesem Grund einfache und schnelle Aufträge.

Konsequenz: Ältere Aufträge müssen warten.
Die Folge sind hohe Umlaufbestände.

Bei fehlenden Kundenaufträgen wird auf Lager produziert.
Die Folge sind hohe Lagerbestände.

Jetzt werden viele von Ihnen sagen: „Das ist eben ein klassischer Zielkonflikt. Wir brauchen Bestände, um Unwägbarkeiten auszugleichen und untätige Ressourcen zu vermeiden. Dies sichert die Produktivität eines Unternehmens."

Ist das so?

Wenn wir beweisen könnten, dass eine untätige Ressource nicht unbedingt Verschwendung wäre, sondern die Voraussetzung für ein profitables Unternehmen darstellt, hätten wir das Dilemma gelöst.

Praxisbeispiel

Bei der WMF wurden in der Schleiferei Tabletts und Kännchen auftragsbezogen poliert, gereinigt, kontrolliert und verpackt. Die Durchlaufzeit lag bei 1,5 Tagen. Die zentrale vollautomatische Waschmaschine war eindeutig der Engpass, der optimal ausgelastet werden muss.

Abbildung 8:
Der Engpass „Waschmaschine" muss optimal ausgelastet werden.

Klar ist auch, dass Störungen und Überraschungen zum tagtäglichen Geschäft gehören. Was würden Sie in so einem Fall tun?

Eine Lösung könnte sein, einen Arbeitsspeicher (Puffer 2) vor der Waschmaschine einzurichten - um zu vermeiden, dass die Waschmaschine aufgrund eines Ausfalls bei den Schleifmaschinen leer läuft.

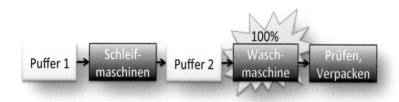

Abbildung 9:
Puffer 2, um Stillstand am Engpass zu vermeiden

Angenommen, wir würden den Puffer 2 so groß machen, so dass ein halber Tag an fehlendem Nachschub überbrückt werden könnte - was wäre die Folge?

Das System wird zunächst langsamer!
Wieso?

Antwort:
wir haben die Durchlaufzeit um 33% auf 2 Tage erhöht und damit die Lieferzeit für den Kunden zunächst verschlechtert (1,5 Tage Durchlaufzeit + 0,5 Tage Durchlaufzeit durch den neuen Puffer 2).

Angenommen es handelt sich um zwei Schleifmaschinen und eine der beiden fällt durch eine Reparatur für einen halben Tag aus.
Dann schrumpft der Puffer 2 um 50 % auf 0,25 Tage (0,5 Tage geteilt durch 2 Maschinen).

Was passiert nachdem die Störung beseitigt ist?

Beide Schleifmaschinen müssen wieder voll produzieren, um die Waschmaschine zu versorgen, aber auch um den halbierten Puffer 2 aufzufüllen.

Was bedeutet das?

Die Schleifmaschinen brauchen eine höhere Produktionsleistung als die Waschmaschine. Es ist freie Kapazität notwendig, um jederzeit mehr Ware bearbeiten zu können als an der Waschmaschine. Außerdem müssen eigene Ausfälle kompensiert werden.
Anders ausgedrückt: wenn wir die Waschmaschine voll auslasten wollen, brauchen wir an den Schleifmaschinen eine deutlich höhere Kapazität. Diese Kapazitätsreserve müssen wir vorhalten, ohne dass dies als unproduktiv bezeichnet werden darf.

Die Hypothese „eine untätige Ressource ist Verschwendung" ist demnach falsch.

Im Gegenteil:
es gibt Maschinen oder Mitarbeiter, die von Zeit zu Zeit untätig sein müssen, um dem System nicht zu schaden (Techt, 2010).

Was ist die Erkenntnis bzw. was ziehen Sie für Konsequenzen?

Wichtig ist erst einmal, dass die Führungskräfte in Ihrer Produktion anhand eingängiger Beispiele intensiv und nachhaltig geschult werden - die Zusammenhänge müssen verstanden und verinnerlicht werden.

Im nächsten Schritt ermitteln Sie den Engpass in der jeweiligen Fertigungseinheit bzw. Montagelinie. Dieses Nadelöhr ist meist ein Arbeitsplatz, eine Maschine oder der Mitarbeiter, der am stärksten aus- bzw. überlastet ist. Dies erkennen Sie oftmals an den Beständen vor diesem Arbeitsprozess.

Besser ist, Sie errechnen die Kapazitätsauslastung anhand der Verfügbarkeit und Produktivität in Relation zum Produktions-programm multipliziert mit den (korrekten) Vorgabezeiten.

Bedauerlich ist, dass Sie den Engpass Ihrer Fertigungseinheit mit ziemlicher Sicherheit bereits kennen, aber bisher noch nicht alles getan haben, um diesen Engpass zu optimieren.

Die bestmögliche Nutzung des Engpasses darf kein unaus-gesprochener Wunsch sein, sondern eine klare Ansage an die Verantwortlichen.

Waren Sie bisher konsequent genug?

Fertigungsleiter klagen oftmals, dass in neue Maschinen investiert werden muss, um den Produktionsplan erfüllen zu können, dulden aber gleichzeitig, dass der Engpass immer und immer wieder steht.

Praxisbeispiel

Nach der Einführung eines neuen Produkts hatte die Firma Best-Elektronikgeräte (Name geändert) einen Liefergrad von nur 65%, obwohl diese Montagelinie neu geplant war und noch nicht mal die Kammlinie erreicht hatte.

Der Bereichsleiter war der Meinung, dass die Linie falsch geplant war. Die hohen Testzeiten führten zu einem Engpass am Endtester - durchschnittlich 8 Minuten pro Gerät.

Wenn ein Tester nicht so teuer gewesen wäre, hätte man vermutlich einen zweiten beschafft – das war aus Kostengründen nicht sinnvoll – zum Glück!

Eine einfache Analyse ergab, dass am Tester nach jedem Gerät Wartezeiten von durchschnittlich 5 Minuten auftraten.

Ahnen Sie etwas?

Wie Sie sich vorstellen können, hat keiner der Mitarbeiter in der Linie diesen Zustand bewusst herbeigeführt. Im Gegenteil. Die Mitarbeiter gingen während der Laufzeit des Testers an andere Stellen, um ihre eigenen Wartezeiten zu minimieren, d.h. sie versuchten produktiv zu sein. Die Folge war, dass die Maschine auf den Bediener wartete.

Eine intensive Schulung aller Beteiligten war der entscheidende Schritt, um den Nutzungsgrad der Maschine um ein Drittel zu erhöhen. Durch den Fokus aller Beteiligten auf den Engpass und die konsequente Minimierung der Leerlaufzeiten konnte dauerhaft ein Liefergrad von 97% erreicht werden – ohne eine weitere Investition.

Der Engpass muss also immer laufen und sollte von allen Aufgaben entlastet werden, die nicht zwangsweise dort bearbeitet werden müssen. Es ist notwendig, dass am Engpass immer ein ausreichender Arbeitsvorrat existiert, jedoch nur soviel Puffer wie wirklich nötig ist.

Alle Mitarbeiter mit Einfluss auf die Kapazität dieser Ressource müssen dauerhaft auf das obige Ziel getrimmt sein, zum Beispiel durch ständige Minimierung der Leer-, Warte- und Rüstzeiten bzw. durch Anpassen des Materialflusses an den Engpassprozess.

Damit das notwendige Wissen nicht mit der Zeit in Vergessenheit gerät, sollten Sie diese Regeln gut sichtbar in der Fertigung aushängen bzw. in den Einarbeitungsplan oder/und die Arbeitsanweisung aufnehmen.

Wetten, dass Sie einen ähnlichen Fall in Ihrer Produktion haben...

Abbildung 10:
Schild im Fertigungsbereich mit aktuellen Regeln
(„So sind die Wirkzusammenhänge der Linie 4711")

Kennen Ihre Mitarbeiter den Engpass?

**„Für jedes komplexe Problem gibt es immer eine einfache Lösung:
klar, einleuchtend und falsch!"**
Henry Louis Mencken

Der Zwang, Regelungen für einen Fertigungsbereich zu definieren,
führt dazu, dass sich die Planer bzw. Fertigungsleiter über die
Funktionsweise der Fertigungslinien intensiv Gedanken machen
müssen. Damit werden bessere Lösungen erreicht.
Dies bietet erst die Basis, dass die Fertigungs-Mitarbeiter über die
wichtigsten Stellhebel im Fertigungsbereich Bescheid wissen.

Kennen Ihre Montagearbeiter den aktuellen Engpass?
Kennt jeder Mitarbeiter die kritischen Anlagen?
Schulen Sie neue Mitarbeiter dementsprechend?
Hängen die wichtigsten Regeln für eine Fertigungslinie aus?

Wenn es Ihnen nicht gelingt, Ihre Mitarbeiter in dieser Thematik
kontinuierlich zu sensibilisieren, verschwenden Sie erfahrungsgemäß 10 bis 20 % Prozent der wertvollen Engpasskapazität.
Erstaunlich ist, dass Firmen tagtäglich Kapazität am Flaschenhals der
Fertigung vergeuden, aber gleichzeitig klagen, dass sie regelmäßig
am Samstag arbeiten müssen.

**„Der größte Feind des Fortschritts ist nicht der Irrtum,
sondern die Trägheit."**
Henry Thomas Buckle

Sie verschenken bares Geld wenn nicht gewährleistet ist, dass jede
Minute am Engpass genutzt wird, z.B. durch paralleles Rüsten,
Durchlaufen der Maschinen in Pausen, usw.
Bilden Sie Ihre Führungskräfte entsprechend aus. Coachen Sie
Mitarbeiter vor Ort im Sinne einer Routine, in dem Sie jeden Tag
nachfragen, ob am Engpass Ausfälle entstanden sind.

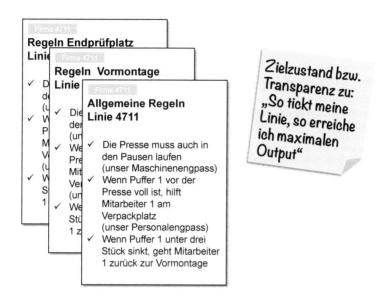

Abbildung 11:
Aushang der aktuellen Regeln für die Linie und für wichtige Arbeitsplätze der Linie

Der Meister/Gruppenleiter muss jeden neuen Mitarbeiter entsprechend informieren und darf keine Stillstandzeit am Engpass dulden. Für mich ist es manchmal verwunderlich, wie oberflächlich neue Mitarbeiter eingearbeitet werden.

Stellen Sie sich vor, wie hoch der Nutzen für Ihre Firma ist, wenn sich Ihre Mitarbeiter oder Fertigungsleiter beim Wechsel in einen anderen Fertigungsbereich automatisch nach dem Engpass erkundigen.

Ziehen ist besser als Schieben

**„Alles, was wir tun, ist auf die Durchlaufzeit zu achten –
vom Moment an, wo wir den Kundenauftrag erhalten,
bis wir das Geld in Empfang nehmen"**
Taiichi Ohno

Wenn Sie alle Maßnahmen getroffen haben, um Ihren Engpass optimal auszunutzen, sollten Sie noch einen Schritt weitergehen. Orientieren Sie sich auch bei der Auftragsfreigabe an Ihrem Engpass.
Der Engpass muss den Takt Ihrer Produktion angeben. Die untergeordneten Prozesse bzw. Nicht-Engpassmaschinen werden systematisch am Engpass ausgerichtet – vor diesen Anlagen wird nur ein minimaler Umlaufbestand geduldet.

Schiebende Fertigung

* Das IT-System gibt den Takt vor, in dem es Planaufträge vorschlägt – teilweise aufgrund falsch gepflegter Systemparameter, weitgehend unabhängig von Produktionskapazitäten und ggf. abweichend von tatsächlichen Verbräuchen
* Der Disponent/Steuerer gibt die Planaufträge oftmals unreflektiert frei
* Aufträge werden in die Fertigung gepresst
* Auf Basis dieses Auftragsvolumens und des vorhandenen Kapazitätsangebots priorisiert der Steuerer die Aufträge
* Material staut sich an den Engpässen
* Hauruckaktionen zur Beschleunigung der wichtigsten Aufträge
* Neue Aufträge überholen alte Aufträge
* Unkontrollierte Entstehung von Langliegern
* Die Durchlaufzeiten gehen hoch

Abbildung 12:
Materialstau am Engpass durch zu viele Aufträge bzw. durch eine schiebende Fertigung

In der traditionellen schiebenden Fertigung werden die vom IT-System vorgeschlagenen Aufträge vorne in die Fertigung gepresst, d.h. ohne Rücksicht auf vorhandene Kapazitäten.

Gibt es dazu eine Alternative?

Geben Sie stattdessen nur die Aufträge in das System, die an der jeweiligen Engpassmaschine auch tatsächlich abgearbeitet werden können. Wenn Sie wandernde und sich ändernde Engpässe in einer Produktionslinie haben, wählen Sie den Arbeitsplatz, der am ehesten dem Nadelöhr entspricht.
Wenn Sie die Engpassmaschine nicht kennen, definieren Sie einen virtuellen Engpass.

„Langsamer vorgehen heißt oft schneller vorankommen."
Kenneth Blanchard (Minuten-Manager)

Widerstehen Sie dem Irrtum, dass durch mehr Aufträge mehr Auftragsdurchsatz entsteht. Geben Sie deshalb nur Aufträge frei, die am Engpass ohne Stau produziert werden können (ziehende Fertigung ausgehend vom Engpass).

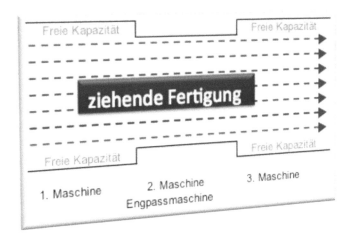

Abbildung 13:
Optimale Auslastung am Engpass ohne unkontrollierte Puffer

Natürlich sollten gleichzeitig Maßnahmen getroffen werden, um fehlende Kapazitäten auszugleichen, zum Beispiel durch Mehrarbeit, externe Kapazitäten, usw..

Das nächste Ziel ist die Beseitigung des Engpasses. Sobald dieser aufgelöst wird, entsteht an anderer Stelle zwangsläufig ein neuer Engpass. Es beginnt ein entsprechender Verbesserungskreislauf.

Engpasskapazitäten sollten nicht nur im Fokus des Fertigungsleiters und des Disponenten sein, sondern auch in den Köpfen der Mitarbeiter in der Fertigung. „Der Engpass 4711 muss immer laufen" muss zum täglichen Vokabular aller Beteiligten gehören.

Ziehende Fertigung

- Holprinzip - es wird nur produziert, was ver-/gebraucht wird
- Eine Auftragsfreigabe orientiert sich an der Engpass-Kapazität
- Führungskräfte und Mitarbeiter sind gut geschult, so dass Leerlauf an den Engpässen minimiert wird
- Auftragsgrößen werden an die Schlüsselmaschinen angepasst
- Maschinen werden nicht durch Großaufträge vollgestopft, nur um Rüstzeiten zu sparen
- Zwischenpuffer werden durch minimierte Aufträge und Lose reduziert
- Engpasskapazitäten sind im Fokus - nur hier wird ein größerer Materialpuffer vor der Maschine geduldet

Fließfertigung – eigentlich ganz einfach

**„Wer von sich behauptet ,ich bin am Ziel',
der ist in dem Moment schon überholt."**
Unbekannte Quelle

Toyota hat durch jahrelange Erfahrungen gelernt, welche Prozesse sich bewähren. Deshalb sind Toyotas Manager davon überzeugt, dass richtige Prozesse automatisch zu den gewünschten Ergebnissen führen. Das zentrale Ideal ist und bleibt „one piece flow". Toyota hat das ultimative Fließprinzip in seine "DNA" eingebrannt.
Merkmale der Fließfertigung sind fehlende bzw. geringe Umlaufbestände zwischen den Stationen und somit minimale Wartezeiten zwischen den Prozessen.

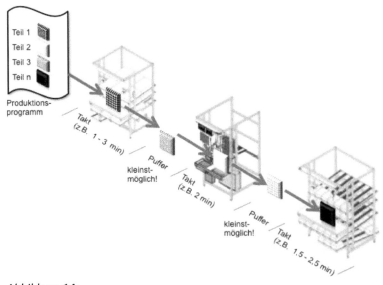

Abbildung 14:
Fließfertigung mit getakteten Maschinen und Puffern

Kleinstmögliche Puffer im Prozess sorgen für kleinste Durchlaufzeiten.
Erst wenn ein Bauteil zur nächsten Arbeitsstation weitergegeben wird, kann das folgende Bauteil von der vorgelagerten Station bearbeitet werden.
Dieser anspruchsvolle Prozess lässt Probleme unmittelbar zu Tage treten, die einer sofortigen Lösung bedürfen - andernfalls stockt die Produktion. Kein Wunder, dass die meisten Produktionsleiter diese Risiken scheuen.

Vorteile der Fließfertigung

- Reduzierung der Durchlaufzeit

- Bessere Flächenausnutzung

- Keine Mehrfachverwendung von Betriebsmitteln

  (traditionell wird dies aus Kostensicht als Nachteil empfunden)

- Aufwertung der Arbeitsinhalte

- Einfachere Materialsteuerung und Disposition

- Größere Prozesssicherheit durch Ablauf-, Fehler- und

  Termintransparenz

Fließfertigung, Kanban bzw. selbststeuernde Materialregelkreise und die Anlieferung zum richtigen Zeitpunkt sind die Zutaten mit denen transparente und materialarme Prozesse aufgebaut werden können. Vielen Produktionsverantwortlichen fehlt vermutlich nur Mut, Zuversicht und Glaube daran, dass die Reduzierung der Bestände wirklich zu einer Verbesserung der Prozesse führt.
Anfängliche Nebenwirkungen müssen allerdings in Kauf genommen werden, denn wenn alle Prozesse miteinander verknüpft sind, führt eine Unterbrechung in einem Systemelement augenblicklich zum Stillstand des Gesamtsystems.

Dieser Dominoeffekt ist normal, aber kein Grund, um zu alten Wegen zurück zu kehren. Im Gegenteil: in der Fertigung wird man dadurch zu den wahren Problemen im Prozess vorstoßen - deren Beseitigung ist oftmals gar nicht so schwierig.

Praxisbeispiel

Ich kann mich noch gut daran erinnern, als wir bei Endress+Hauser das erste Mal Montage-Arbeitsplätze in U-Form verkettet haben. Vorher waren diese Einzelarbeitsplätze mittels entsprechender Zwischenpuffer lose verknüpft, was zu Durchlaufzeiten von 2-4 Tagen führte. Dies ist eigentlich kein schlechter Wert - das Problem war, dass wir die Durchlaufzeit nicht exakt bestimmen konnten.

In der neuen U-Linie ohne Zwischenpuffer traten wie erwartet Störungen auf. Es gab u.a. jeden Morgen eine Fehlermeldung an einer bestimmten Maschine, deren Beseitigung nur durch einen Fachmann zu lösen war.
Diese und andere Störungen führten jedes Mal zum Gesamtausfall der Linie – bedingt durch die enge Anordnung im Sinne der Fließfertigung. Die Produktivität ging nach unten und die Mitarbeiter waren aufgrund dieser Probleme der Meinung, dass man wieder zum alten System zurückkehren solle.

Erstaunlicherweise waren diese Maschinenausfälle in der Vergangenheit nie massiv thematisiert worden. Der Grund war, dass es ausreichend Ausweich-Arbeitsplätze gab und sich die Mitarbeiter bereits an die Störungen gewöhnt hatten. Deshalb musste sich die für das Problem verantwortliche Fachabteilung nicht ernsthaft um die Beseitigung dieser Störungen bemühen.
Der Handlungsdruck durch die stockende Linie war nun so groß, dass diese Störungen von den Verantwortlichen innerhalb von wenigen Wochen nachhaltig gelöst werden mussten.

Warum wurden die Ausfälle vorher toleriert?
Das Problem war scheinbar zu klein!

Nach ca. 10 Wochen waren 95% aller Probleme abgestellt – es waren mehr als 100 Einzelmaßnahmen, die getroffen und abgearbeitet wurden.
Jetzt wurde mit den gleichen Maschinen und Mitarbeitern eine stabile Durchlaufzeit von unter einem Tag erreicht. Aufträge, die vor 10:00 Uhr in die Linie kamen, konnten noch am selben Tag ausgeliefert werden. Die Gesamtleistung der Linie stieg enorm.

Dies ist ein typisches Beispiel dafür, dass die Reduzierung der „Ware im Betrieb" nicht als losgelöste Maßnahme zu verstehen ist, aber die Steilflanke für entsprechend neue stabilisierte Prozesse sein kann.

Die typischen Effekte bei einer Umstellung auf Fließfertigung

- Durch die direkte Verkettung und Austaktung der Arbeitsplätze werden die Bestände massiv reduziert.
- Zunächst tritt eine Verschlechterung ein, weil plötzlich die Probleme zu Tage treten, die durch zu viel „Ware im Betrieb" verschleiert/kompensiert wurden.
- Die schlechte Produktivität/Lieferfähigkeit führt zu Handlungsdruck.
- Es besteht die Chance, dass auch die vielen kleinen Probleme endlich gelöst werden.
- Die dauerhafte Reduzierung der Ware im Betrieb als Ergebnis stabiler Prozesse – allerdings nur, wenn man dies nicht wieder einreißen lässt.

Damit Fließfertigung verschwendungsfrei funktioniert, müssen die Ausführungszeiten der einzelnen Stationen bzw. der Mitarbeiter idealerweise gleich lang sein. Die entsprechende Austaktung stellt eine konzeptionelle Herausforderung bei der Planung der Linie dar. Wenn die Linie und die Verantwortlichkeiten durchdacht sind, steht der materialarmen Verkettung einzelner Arbeitsschritte nichts im Wege. Zögern Sie nicht, auch wenn es Restrisiken gibt oder dadurch Kapazitätsprobleme verursacht werden könnten.

Das Fließfertigungs-Konzept muss durchdacht sein, aber Sie müssen zum Start nicht alle erdenklichen Probleme beseitigt haben. Sie sollten die Mitarbeiter gut darauf vorbereiten und genügend Zeit einplanen, um entsprechend stabile Prozesse zu erreichen.

Praxisbeispiel

Die Firmen Heidelberger Druckmaschinen und TRUMPF haben Fließfertigungen durch ein getaktetes Schienensystem realisiert. Die notwendigen Materialien werden jeweils nahe am jeweiligen Montageort bereitgestellt. Visualisierungen, Kennzeichnungen, farbliche Markierungen und Andon-Tafeln sorgen für Transparenz.

Durch eine intelligente Mischung von Produkten mit kürzeren und längeren Montagezeiten kann ein einheitlicher Takt gefahren werden. In der Linie werden die Maschinen jeweils nach Ablauf der Taktzeit weiter transportiert. TRUMPF Mitarbeiter bleiben immer bei ihrer Montagestation. Dies erhöht den Lerneffekt und die Routine.

Abbildung 15:
One piece flow ist auch im Maschinenbau mit hoher Varianz möglich

Über Vorgaben, Standards und Routinen

**„Geringes Wissen, das tatkräftig angewendet wird,
ist unendlich mehr wert als großes Wissen das brachliegt."**
Khalil Gibran

Die Erfahrung zeigt, dass eine Standardisierung hilft, den Realisierungsaufwand incl. der Fehlerfolgekosten zu senken – und somit auch das Risiko zu minimieren. Sie müssen wissen, was Sie wollen, aber auch der Weg dorthin muss durchdacht und überwacht werden.

Es gilt zwar, dass ein Chef nicht alles vorgeben sollte, weil dies Kreativität und Eigeninitiative tötet, aber es ist einfach nicht effizient, wenn jeder das Rad neu erfindet. Sagen Sie deshalb am Anfang, was Sie erwarten und nicht beim Auftreten von Problemen, was Sie nicht möchten.

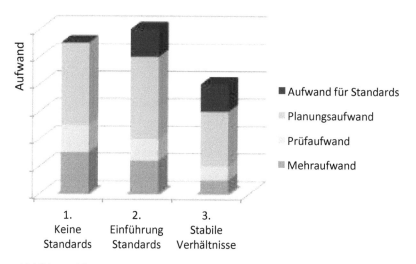

Abbildung 16:
Nur bei der Erstellung führen Standards zu einer Erhöhung des Gesamtaufwands, danach sinkt er.

Sobald Mitarbeiter oder Gruppen ähnliche Dinge tun, ist es förderlich, gleiches gleich zu machen. Je mehr Personen dies betrifft, umso mehr lohnt es sich, Zeit dafür zu investieren, Abläufe zu durchdenken, zu planen, zu optimieren und zu standardisieren.

Um neue Lösungen zu vereinheitlichen, brauchen Sie im ersten Schritt zwar jeweils mehr Zeit. Dieser zusätzliche Aufwand für Planung/Prävention ist gut investiert, denn Sie vermeiden, dass ein Mitarbeiter jedes mal wieder „Lehrgeld" bezahlt.
So vermindern Sie potenzielle Risiken, wie zum Beispiel Mehraufwand, Terminverschiebungen, ungenügende Qualität inklusive Fehlerfolgekosten.

Standards und Routinen – warum?

Ein Standard beschreibt wie ein Prozess ablaufen soll (Zielzustand). In der konsequenten Anwendung und Weiterentwicklung von Standards, Routinen und entsprechenden Checklisten kann die Effizienz merklich erhöht werden, denn Standards

- erleichtern die Verständlichkeit,

- verbessern die Kommunikation und die Zusammenarbeit,

- beinhalten die Erfahrung und das Wissen des Unternehmens,

- bieten erprobte Lösungen und Wege an,

- befreien vom Nachdenken über Routinetätigkeiten,

- stellen Überprüfungsroutinen dar,

- fokussieren auf das Wichtige.

- Visuelle Standards helfen zur Überprüfung der Einhaltung.

Generell gilt: wer Anweisungen im Detail aufs Papier bringen muss, wird zu durchdachteren Abläufen gezwungen. Dies ist wichtig, denn der zweite Schritt der Standardisierung besteht darin, dass alle Beteiligten informiert und geschult werden.
Für eine Standardisierung reicht es nicht, dass Sie sich ideale Abläufe überlegen. Normalerweise sollten diese in der Praxis geübt, optimiert und dann schriftlich fixiert werden.
Die Mitarbeiter sollten wissen, was und wie etwas zu tun ist. Um die Wahrscheinlichkeit zu erhöhen, dass sie das Gelernte wirklich anwenden (wollen), sollten die Trainer kommunizieren, warum etwas getan werden muss.

**„Wo keine Standards sind,
kann auch keine Verbesserung stattfinden."**
Taiichi Ohno

Standardisierte Arbeitsabläufe ermöglichen auf einfachere Weise, Rückschlüsse auf die Ursache zu ziehen wenn Probleme auftreten.

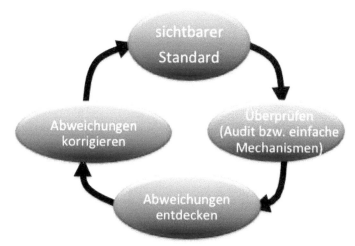

Abbildung 17:
Visuelle Standards sind die Basis, um Abweichungen zu erkennen und Konsequenz zu erzielen.

Verbindliche Formen in der Arbeitsausführung ermöglichen dem Management, erreichte Verbesserungen zu stabilisieren, d.h. nicht wieder auf das ursprünglich schlechtere Niveau zurückzufallen.

Wo keine Vorgaben sind, kann im Grunde nichts verbessert werden. Auch wenn es immer nur einen optimalen Weg geben kann, müssen Regelschleifen existieren, um eine Weiterentwicklung der Standards zu fördern (siehe auch Seite 100).

Nachhaltiges Üben mit Konsequenz sorgt dafür, dass die „Handgriffe" zur Routine werden. Die Voraussetzung ist, dass sich jeder Mitarbeiter an die Regeln zu halten hat.

Ob Sie Ausnahmen zulassen, sollten Sie sich deshalb *vorher* gut überlegen. Abweichungen vom Standard lassen Sie im Zweifelsfall nicht zu – zumindest nicht pauschal. Ansonsten laufen Sie Gefahr, dass weder Standards im Allgemeinen, noch Sie als Person, ernst genommen werden.

Genau deshalb ist es wichtig, zu kommunizieren, ob ein Standard eine Handlungsempfehlung darstellt oder ob er konsequent angewendet werden muss.

„Mach das Richtige richtig"
FESTO

Es darf bei den Mitarbeitern nie heißen, „Ich arbeite nach meinem eigenen System, denn nach Arbeitsanweisung funktioniert es nicht". Mitarbeiter sollten konsequent nach den Regeln arbeiten (können).

Abweichungen vom Standard sind zu vermeiden, außer sie sind der erste Schritt zu einem verbesserten Standard, d.h. entweder führen Änderungen in der Arbeitsweise zukünftig zur einer Änderung in der Arbeitsanleitung oder andere Voraussetzungen sind zu erfüllen, z.B. Änderungen am Produkt, an der Maschine, etc.

Änderungsvorschläge müssen angstfrei vom Mitarbeiter artikuliert werden dürfen und müssen zeitnah vom Vorgesetzten berücksichtigt werden.

Hier gibt es im Prinzip nur zwei Reaktionsweisen vom Chef:

- Entweder: „Danke für den Hinweis, das nehmen wir in die Arbeitsanweisung auf und informieren entsprechend."
- Oder: „Vielen Dank für den Vorschlag, aber das dürfen wir nicht ändern – stattdessen werden ich dafür sorgen, dass dieses oder jenes sichergestellt wird."

Wenn Sie bewusst Ausnahmen in einem engen Rahmen tolerieren oder wenn Sie vermeiden wollen, dass Mitarbeiter das Gefühl bekommen, dass sie nicht mehr mitzudenken brauchen, sollten Sie die Regelungen als Handlungsanleitungen definieren, d.h. diese müssen standardmäßig angewendet werden.

Wenn ein Mitarbeiter eine andere Lösung anwenden will, hat er die Chance diese mit dem Chef oder einem Fachmann abstimmen zu können. Er muss aber in jedem Fall gute Gründe nachweisen, um eine Ausnahme erwirken zu können.

Praxisbeispiel

Über die Jahre hinweg habe ich die Einführung von KANBAN-Regelkreisen begleitet und war Widerstand der internen und externen Lieferanten, aber auch der Steuerer gewohnt. Bei der Umstellung wurden jeweils die Parameter berechnet und Einzelfälle in Frage gestellt, z.B. „Bei Teil 4711 führt dies zu mehr Bestand bzw. Flächenbedarf" oder „Die Rüstkosten steigen dann enorm".

Die Argumentation war nach traditioneller Herangehensweise richtig, das ständige Abwägen der Vor- und Nachteile machte die Einführung jedoch zeitaufwändig.

Eine schnelle Umstellung konnten wir so nicht erreichen, denn dies war weder zielgerichtet, noch einheitlich. Die resultierende Mischung von normalen und KANBAN Aufträgen erschwerte die Steuerung.

Endress+Hauser hat zwar vergleichsweise spät KANBAN eingeführt, konnte mit der Stammmannschaft im ersten Jahr jedoch 3000 Regelkreise einführen.

Was war das Erfolgsgeheimnis?

Konsequenz („tun statt reden")

Der Leiter Operations war vom Thema KANBAN überzeugt. Es gab eine klare Definition, ab welcher Verbrauchsfrequenz KANBAN genutzt werden sollte. Diese Vorgabe wurde in einer Handlungsanleitung festgeschrieben und es wurde darüberhinaus keine Diskussion zugelassen.
Durch diese schnelle Umstellung gab es keine lange Übergangsphase bzw. Mischform von KANBAN-Steuerung und herkömmlicher Steuerung in den Fertigungen. Die Vorfertigungen mussten sich schnell auf verkleinerte Losgrößen einstellen. Und das haben Sie auch gemacht.

Was war nicht eingetreten?

Die Produktivität der Vorfertigung ist trotz kleinerer Lose nicht gesunken. Bei der Steuerungsabteilung wurde mehr Personal-Kapazität frei, als für die Pflege der KANBAN-Regelkreise notwendig ist.

Und was lernen wir daraus?

- Standards müssen vom oberen Management eingefordert werden – Verstehen reicht nicht.
- Erfolgsfaktoren sind gesunder Menschverstand, strategische Sinnhaftigkeit, Mut und Konsequenz.
- Eine klarer Zielzustand erleichtert die Arbeit der Beteiligten
- Einzelfall-Entscheidungen sind ineffizient, kontraproduktiv und deshalb zu vermeiden.
- Unter dem Strich ist das in Kauf nehmen von Nachteilen im Einzelfall besser als „klein-klein".

3. Kapitel

Warum geben wir uns mit 90 Prozent zufrieden?
—
Führen mit Verbesserungsroutinen und der Coaching-Kata

Beim Berg zählt nur der Gipfel – und bei der Arbeit?

„Nur der Gipfelerfolg zählt.
Kehrt man 200 Meter vor dem Ziel um, ist das Ziel nicht erreicht.
Diese strikte Regel gilt auch für das Management. "
Fredmund Malik

Was hat Bergsteigen mit unserer Arbeit zu tun?

Beim Bergsteigen streben wir in Richtung Gipfel – warum geben wir uns bei den Zielen im Geschäftsleben mit weniger zufrieden?

Bergsteigen, Management und Toyota
(frei nach Prof. Dr. F. Malik)

Bergsteigen und Management haben Gemeinsamkeiten.

- Nur ein großes Ziel wie Toyotas Nordstern mobilisiert die Mitarbeiter.
- Der Nordstern des Produktionssystems ist der Gipfel, den Sie in Ihrer Produktion versuchen zu erreichen.
- Vor dem Aufstieg ist die vollständige Erfassung und Beurteilung der Ausgangslage und der Einflussfaktoren notwendig.
- Standards und Routinen helfen, dass sich der Bergsteiger auf das Wesentliche konzentrieren kann.
- Wer proaktiv und systematisch Handlungsspielräume und Lösungsmöglichkeiten sucht, ist im Überaschungsfall flexibel.
- Selbst bei großen Zielen erfolgt ein Schritt nach dem anderen.
- Kurze Regelschleifen und Erfolgskontrollen sind wichtig.

Ein Bergsteiger wäre schlecht beraten, wenn er nur Bücher liest und Theorieschulungen besucht, um sich auf eine Bergbesteigung vorzubereiten. Er muss die Kniffe am Berg lernen, weiterentwickeln und Routine erlangen. Dazu gibt es keine Alternative.

Was lernen wir daraus?

Vorgesetze müssen eine ihrer Hauptaufgaben darin sehen, ihre Mitarbeiter weiter zu entwickeln, und das nicht nur sporadisch durch Schulungen, sondern täglich und praxisbezogen am Arbeitsplatz.

Der Vorgesetzte sorgt dafür, dass die Richtung stimmt, der Mitarbeiter erklimmt selbständig die nächste Stufe.

Abbildung 18:
Die klare Richtung ist wichtig – trotzdem erfolgt die Konzentration auf die nächsten Stufen.

Der Fertigungsverantwortliche coacht seine Mitarbeiter und hilft Ihnen dabei, selber auf bessere Lösungen zu kommen. Er führt, indem er die richtigen Fragen stellt. Mit dieser Methode findet der Mitarbeiter eigene neue Wege.

Diese Lösungen sind praxisnah und jeder Einzelschritt generiert beim Mitarbeiter ein Erfolgserlebnis. Der Vorteil von schrittweisen Verbesserungen ist, dass die Wirkungsweise einzelner Stellhebel transparent ist.

Da der Mitarbeiter intrinsisch motiviert ist, kann der Vorgesetzte davon ausgehen, dass die Neuerung beibehalten wird – dies ist bei einer Anweisung nicht unbedingt sichergestellt.

„Mache den nächsten Schritt erst, wenn du gesehen hast, wie der vorausgegangene wirkt."
Fredmund Malik

Der Bergsteiger versucht den Gipfel zu erreichen, aber in erreichbaren Etappen. Kein Achttausender kann an einem Tag bestiegen werden. Der Bergführer konzentriert sich zunächst auf das Erreichen des nächsten Basislagers.

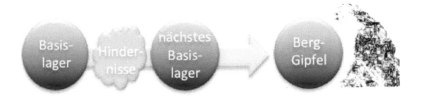

Abbildung 19:
Ein Gipfel kann nur mit sinnvollen Zwischenzielen erreicht werden.

Auf gleiche Weise sollte auch der Vorgesetzte sinnvolle erreichbare Zwischenziele definieren und den Mitarbeiter auf diese Weise mit auf die Reise nehmen.

Praxisbeispiel

Beteiligte informieren und auf die Reise einstimmen	Analyse der Rand- bedingungen und Planung	Zwischenziel Basislager 1	Zwischenziel Basislager 2	Gipfel
Beteiligte informieren und auf die Ziele einstimmen	Ist-Analyse, Planung der Schritte	Kundenauftrags- orientierte Fertigung	Fließfertigung mit wenig Zwischen- puffern	One Piece Flow

Abbildung 20:
Zwischenziele beim Bergsteigen und beispielhafte Projektetappen bei der kontinuierlichen Verbesserung der Produktion

Vorangehen statt dahinterstehen

„Das Geheimnis des außerordentlichen Menschen ist in den meisten Fällen nichts als Konsequenz."
Buddha

Es ist faszinierend, wie eine Persönlichkeit im Top-Management die Arbeitsweise und die Zielrichtung entscheidend verändern kann – oder eben nicht. Es reicht einfach nicht, dass der technische Leiter oder Geschäftsführer versteht, was ein Produktionssystem ist. Auch reicht es nicht aus, dass er „dahinter steht".
Der Feldherr braucht einen Schlachtplan und idealerweise reitet er an vorderster Front - es reicht nicht „Attacke" zu schreien.

Egal welchen Namen das Kind trägt, ob Lean, Kaizen Produktionssystem oder Six Sigma – es liegt in der Verantwortung des Top-Managements die Erwartungen an die Organisation zu formulieren (Liker, 2013).

Auch haben nicht alle Firmen einen ultimativen Zielzustand bzw. Nordstern formuliert. Im Gegenteil: es gibt Unternehmen, die „one piece flow" deshalb nicht als oberstes Ziel formulieren, weil „dieses Idealbild scheinbar nicht erreichbar ist".

Abbildung 21:
Der Weg der kontinuierlichen Verbesserung braucht ein klares Ziel.

Wenn das Verständnis und die Leidenschaft im oberen Management nicht für ein Produktions- bzw. Zielsystem existiert, wird es schwierig, die Mitarbeiter flächendeckend und dauerhaft von entsprechenden Inhalten zu begeistern. Führung muss klare Ziele verfolgen, welche die „Überlebensfähigkeit" des Unternehmens kontinuierlich verbessern und dem Handeln aller Mitarbeiter einen Sinn gibt.

„Wer das Ziel nicht kennt, wird den Weg nicht finden."
Christian Morgenstern

Nur durch ein emotionales Zielfoto kann ich ein Unternehmen zum gemeinsamen Aufbruch in eine neue Richtung bewegen. Dabei liegen die Grenzen nicht in den Dingen selbst, sondern nur in der Annahme von Dingen.

Alternative Sichtweise für ein Unternehmen
(frei nach Prof. Dr. M. Holzer)

- Ausgangspunkte für das Handeln kommen primär aus einem ganzheitlich geprägten Unternehmensbild
- Kultur und Strategie soll Zwang ersetzen
- Motto: wenn Einigkeit im Grundsätzlichen besteht, kann man die Zügel locker lassen
- Optimierung der Flexibilität und Reaktionsschnelligkeit
- Handlungsspielräume für und durch Innovationen schaffen
- Das Produktionssystem als Zielrichtung der Fertigung
- Fehler sind Chancen zum Lernen
- Orientierung am Holprinzip, Kanban
- Einfachheit, Standards und Konsequenz
- Mitarbeiter sollen unternehmerisch denken
- Der Chef muss führen und sich führen lassen
- Gewinn ist nicht das Ziel, sondern das Ergebnis guten unternehmerischen Handelns
- Optimierung der langfristigen Überlebensfähigkeit statt Gewinnmaximierung

Sie können also ruhig ein Bild malen, das aus heutiger Sicht unmöglich scheint – Hauptsache Ihre Motive sind klar, nachvollziehbar und attraktiv.

„Es mag sein, dass ich meine Ziele nie erreichen werde, aber ich kann mich an ihnen erfreuen und sehen, wohin sie mich leiten."
Louisa M. Alcott

Deshalb sollte ein Produktionsleiter eben doch „one piece flow" als oberstes Ziel formulieren, selbst wenn die Firma noch meilenweit davon entfernt ist, Fließfertigung mit der angestrebten Losgröße "eins" zu erreichen.

Man muss nur sagen, was man will

„Im Sinne der Zukunftsfähigkeit müssen Sie als Chef dafür sorgen, dass sich Ihre Mitarbeiter nicht einrichten, sondern im Sinne der Evolution weiter agil und widerstandsfähig bleiben."
Mike Fischer

In jeder Firma existieren zwei polare Verhaltensweisen: Egoismus und Unterstützung unter Mitarbeitern. Egoismus fördert die individuelle Effizienz, gegenseitige Unterstützung verbessert die Prozesseffizienz. Weitere polare Werte sind, dass Mitarbeiter loyal Anweisungen befolgen und gleichzeitig unternehmerisch denken sollten. Genau hier hat der Chef die Aufgabe, gemeinsame Probleme oder Visionen so zu artikulieren, dass eine zielgerichtete ökonomische Kooperation erreicht werden kann.

„Das Lösen von Zielkonflikten ist eine zentrale Aufgabe für Führungskräfte und wird nie ohne Widerstand gelingen" (Sprenger, 2000), denn die Menschen als Ergebnis der Evolution versuchen Bewährtes zu wiederholen.

In unserer schnelllebigen Zeit ist es nicht sicher, dass wir mit den Rezepten der Vergangenheit weiterhin erfolgreich sein werden. So besteht die Gefahr, dass uns das, was wir am besten können irgendwann unweigerlich zur Falle werden kann.
Für eine Firma kann es existenzgefährdend werden, wenn externe oder interne Veränderungen ignoriert werden. Trotzdem ziehen sich Mitarbeiter gerne auf bisherige Verhaltensmuster zurück, denn die Denk- und Verhaltensweisen der Mitarbeiter sind tief in der Kultur einer Organisation verwurzelt.

Gerade in Drucksituationen greifen Menschen und gesamte Organisationen auf bewährte Reaktionsweisen zurück. Ein Mensch versucht geradezu alles zu rechtfertigen, was er bisher getan hat, um somit alte Einstellungen zu bestätigen.

Prozesse werden nie besser sein, als der Mitarbeiter, der die notwendigen Ideen entwickeln und in die Tat umsetzen muss.
Die Führung hat großen Einfluss darauf, dass die Mitarbeiter kontinuierlich an ihren Aufgaben wachsen. Es funktioniert nur das, was von den Führungskräften konsequent gelehrt, vorgelebt und eingefordert wird.

Die Unternehmenskultur von Toyota zielt seit Jahrzehnten darauf ab, Menschen zu entwickeln und nicht nur Autos.
Nur das oberste Management kann den Nährboden für einen expliziten Kulturwechsel bilden. Hilfreich für diese Entwicklung ist das Formulieren von jährlichen Zielen und Zielzuständen.

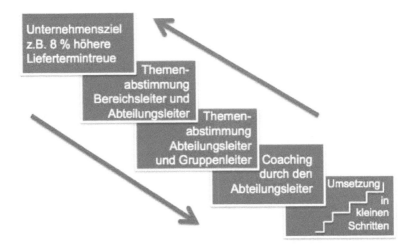

Abbildung 22:
Filetieren und Herunterbrechen der Jahresziele (exemplarische Darstellung, angelehnt an TRUMPF)

Bei Firma TRUMPF werden die Jahresziele vom Top Management bis auf die untersten Führungsebenen herunter gebrochen und dort auf Machbarkeit geprüft und reflektiert. Die Jahresziele sind fordernd, aber erreichbar.

Die Kunst besteht darin, die jährlichen Unternehmensziele in logische Teilziele und machbare Pakete herunter zu brechen. Dabei ist auf Ausgewogenheit zwischen strategischen, persönlichen und projektbezogenen Zielen zu achten.

„Führung ist ganz einfach: man muss nur sagen, was man will."
Helmut Maucher

Bevor Führungskräfte oder Mitarbeiter etwas verbessern können, sollten sie nicht nur die Zielrichtung kennen, sondern müssen auch die Mittel besitzen, etwas zu ändern.
Abgestimmte Zielzustände stellen deshalb eine gute Basis dar, um die Budgetziele auf den unterschiedlichen Ebenen diskutieren und festlegen zu können. Zielzustände sind auch Steilvorlagen für individuelle Mitarbeitergespräche.

Ein Zielzustand unterscheidet sich von einem Ziel, denn ein Ziel definiert lediglich das angestrebte Ergebnis, z.B. die Verbesserung der Liefertermintreue um 5%.
Ein Verbesserungsziel ist jedoch nicht spezifisch genug, damit Mitarbeiter danach handeln können. Ein Zielzustand beschreibt nach welchem Muster ein Prozess funktionieren soll, um das Ziel zu erreichen, z.B. in einer U-Linie die Taktzeit von 3,5 Minuten bei gleicher Mitarbeiterzahl konstant zu erreichen.

Verhaltensmuster sind durch Übung veränderbar

**„Wesentlich ist nicht, wie die Menschen sind,
sondern wie sie handeln.“**
Fredmund Malik

Die Art, wie Menschen (unbewusst) handeln, ist durch die Erfahrungen aus der Kindheit geprägt und wird im Laufe der Erziehung regelrecht antrainiert. Spätere Orientierungen haben ihre frühen Weichenstellungen zwar teilweise korrigiert – trotzdem versuchen sie intuitiv, ihre bisherigen Einstellungen bestätigt zu bekommen. Weil Menschen im eigenen Korsett gefangen sind, ist es für sie nicht einfach ihre Arbeitsweisen, Reaktionen und Einstellungen zu verändern.

Um die Art zu ändern, wie Leute denken und handeln, müssen Führungskräfte intensiv trainieren und im Sinne eines Vorbilds überzeugen. In jedem Fall müssen sie an dieser Stelle geduldig und konsequent sein.
Ein Mitarbeiter, der gelernt hat wie ein Feuerwehrmann Probleme zu lösen, wird diese Methodik nach ein paar Theorieschulungen nicht um 180 Grad ändern (können), selbst wenn er wirklich motiviert ist.

Die letzten 20 Jahre waren für viele Firmen ernüchternd, die den Toyota-Weg unreflektiert kopiert haben, da sie nicht gleichzeitig an der Kultur des Unternehmens gearbeitet und nicht ihre Vorgehensweisen geändert haben.
Wie bereits erläutert, kann eine „copy & paste“ Methode nicht dazu führen, dass Mitarbeiter die angedachten Prinzipien mit Überzeugung anwenden, auch gilt „so wie der Herr, so das Gescherr“.
Hinzu kommt, dass Mitarbeiter gerne in ihrer Komfortzone arbeiten - „was der Bauer nicht kennt, isst er nicht“. So kommt es dazu, dass keiner gerne über seinen Tellerrand schaut.

Niemand fühlt sich wohl, Dinge anders als gewohnt zu tun. Das Einüben und Wiederholen von Verhaltensmustern ist so gesehen der einzige nachhaltige Hebel, um neue „Pfade für das Tun" zu etablieren.

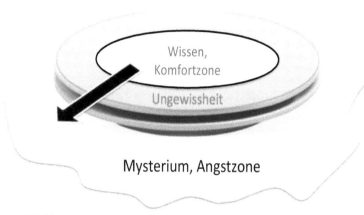

Abbildung 23:
Keiner fühlt sich wohl, Dinge anders als gewohnt zu tun und niemand schaut gerne über seinen Tellerrand hinaus.

Was machen Sie, wenn Sie in fremden Gewässern das erste Mal baden wollen?

Vermutlich schauen Sie sich zuerst das Umfeld genau an: Wie tief ist das Wasser? Existieren gefährliche Tiere? Gibt es Schlingpflanzen? Und wenn das Wasser kalt ist, werden Sie erst die Hände, Füße, Arme und Beine ins Wasser halten und dann langsam den Rest.
Nachdem Sie sich Schritt für Schritt an die Temperatur gewöhnt haben, fühlen Sie sich sicher und genießen die „Eroberung des neuen Terrains".
Wenn Sie hier Sicherheit erlangt haben, können Sie die nächste Herausforderung angehen. Erst schwimmen Sie zur näher gelegenen Insel und dann ganz weit raus – eine eventuell vorher

vorhandene Angstzone verwandelt sich in eine willkommene Herausforderung.

"Neue Fähigkeiten zu lernen ist leicht.
Alte Gewohnheiten abzulegen ist hart."
Helmut F. Karner

Das Problem ist, dass viele Menschen ihren inneren Schweinehund erst gar nicht überwinden (wollen) – das ist in Bezug auf Verbesserungen hinderlich.

Wichtig ist und bleibt, dass die Mitarbeiter die Zielrichtung kennen.

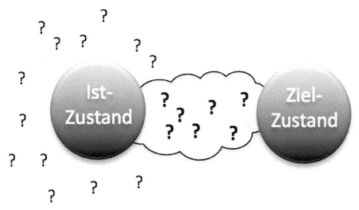

Abbildung 24:
Zielzustände als Wegweiser für Verbesserungen und zur
Eingrenzung der Lösungsalternativen

Echte Innovationen können normalerweise nur außerhalb der vertrauten Komfortzone entstehen. Dazu ist ein enormes Maß an Selbstvertrauen, Zuversicht, Durchhaltevermögen, Offenheit und Lernbereitschaft notwendig.
Durch kontinuierliches Training von Routinen kommen Mitarbeiter aus der Komfortzone in eine Art Lernzone und erweitern auf diese Weise kontinuierlich ihren Horizont.

Der Respekt gegenüber Herausforderungen, die gestern noch weit weg und ungewiss waren, verschwindet und die Wissenszone vergrößert sich nahezu unmerklich.

Auch Dinge, die sich noch gestern in der Angstzone befunden haben, verlieren ihre Bedrohlichkeit. Die Voraussetzung ist, dass ein Mitarbeiter eben nicht in das kalte Wasser geworfen wird – so entsteht schlimmstenfalls ein Trauma.

Zielzustände als Wegweiser für Verbesserungen

„Viele sind hartnäckig in Bezug auf den einmal eingeschlagenen Weg - wenige in Bezug auf das Ziel."
Friedrich Nietzsche

Mit Zielzuständen wird sichergestellt, dass weiterführende Lösungsideen gesucht und ausgewählt werden. Dies senkt das Risiko von Suboptimierungen, Reibungsverlusten und kontra-produktiven Lösungen.

Wenn hierbei ein Coach unterstützt, motiviert dies zusätzlich und sorgt für Nachhaltigkeit. Er hilft dabei, die richtigen Fragen zu stellen. Er macht keine Lösungsvorschläge, aber er fragt so, dass die Lösungen in Richtung Zielzustand gehen und sorgt damit für Effizienz und eine konsequente Verfolgung der Lösungsansätze.

Dies gilt für Mitarbeiter und Führungskräfte in der Produktion, aber genauso für den Bürobereich.

Praxisvorschlag für den administrativen Bereich

Der Zielzustand für Investitionseinkäufer könnte zum Beispiel lauten: „Kaufe die Maschinen, die über ihre Laufzeit die geringsten Kosten verursachen". Der Einkäufer hat hier zwei Hebel:

- die Kollegen in Richtung des Zielzustands zu lenken und zu entwickeln, vorausgesetzt er macht dies wertschätzend,
- die eigene Kostensensibilität zu verbessern („geringster Preis ist nicht gleich geringste Kosten").

Wenn sich ein Einkäufer als Coach versteht und mit Fragen führt, kann er über Preis- und Terminverhandlungen hinaus zusätzlichen Nutzen und Qualität für das Unternehmen generieren:

- Anforderungen werden besser beschrieben
- Anbieter werden rechtzeitiger ins Boot genommen, um bessere Lösungen und dadurch niedrigere Preise zu erreichen
- Wettbewerbsvergleiche werden mit einer höheren Qualität und verständlicher beschrieben, etc.

Ein Einkäufer für Investitionsgüter könnte zum Beispiel folgende standardisierte Fragen stellen:

- Ist die Spezifikation im Lastenheft im angemessenen Detaillierungsgrad beschrieben?
- Sind mehrere Firmen angesprochen worden?
- Wenn nicht, was waren die Gründe?
- Was macht Sie sicher, dass die drei geeignetsten Lieferanten noch im Rennen sind?
- Haben alle Firmen den gleichen Stand vom Lastenheft bekommen?
- Welche Firma hat den niedrigsten Preis?
- Welche Firma verursacht im Abschreibungszeitraum die geringsten Kosten (Instandhaltungsaufwand, Energieverbrauch, Einarbeitungskosten)?

Wenn die Fragen standardisiert, verbindlich und verbindend gestellt werden, ist der Erfolg vorprogrammiert.

Der Vorteil von standardisierten Fragen ist, dass sie nicht als anmaßend empfunden werden, nach dem Motto: „Ich als Einkäufer weiß es besser und wenn du Deine Hausaufgaben nicht gemacht hast, musst du nachbessern".
Durch das zusätzliche Rollenverständnis als Coach werden Einkäufer aufgewertet und sensibilisiert. Denken Sie nicht auch, dass ein Einkäufer auf diese Weise einen Mehrwert für das Unternehmen schaffen und gleichzeitig sein Ansehen erhöhen würde?

Mit Sicherheit entdecken Sie noch weitere Zielgruppen.

Kontinuierliche Verbesserung ist kein Selbstläufer

**„Es ist erstaunlich wie lange Dinge benötigen,
an denen man nicht arbeitet."**
Quelle unbekannt

Niemand ist perfekt – das ist nichts Neues. Nutzen Sie dies nicht als Ausrede, nichts verändern zu wollen, sondern lernen Sie aus Ihren eigenen Fehlern und aus den Fehlern anderer.

Unsere deutsche Gründlichkeit steht uns manchmal im Wege, kleine und schnelle Verbesserungen zügig umzusetzen. Bei der Analyse graben wir uns in das Problem ein und versuchen die perfekte Lösung zu finden, statt das größte Problem zu beseitigen und dann die nächstwichtige Optimierung anzugehen.

Hier können wir von den Indern oder Amerikanern lernen, die einfach mal loslegen - ohne Angst, dass sie sich durch die schnelle Vorgehensweise Probleme einhandeln könnten.

Sehen Sie sich nach Möglichkeiten um, Dinge besser zu machen und seien Sie offen für Lösungen anderer. Versuchen Sie diese auf Ihre Belange zu übertragen, um sie im nächsten Schritt zu verbessern.

Probieren Sie also ruhig etwas aus und perfektionieren Sie dies nach und nach. Auch Versuch und Irrtum ist ein sicherer und schneller Weg zu Erfolg – Hauptsache Sie fangen an. Es besteht auf diese Weise zwar ein Risiko, dass Sie etwas Falsches machen, aber dafür ist die Schadenshöhe gering.

**„Kontinuierliche Verbesserungen sind besser als
hinausgezögerte Vervollkommnung."**
Mark Twain

Umgekehrt besteht die Tendenz dazu, direkt vom Problem zur Lösung zu springen. Es kann aber auch bei scheinbar einfachen Problemen sinnvoll sein, eine Analyse der Situation vorzunehmen, um zu den Ursachen vorzudringen.

Abbildung 25:
Vom Problem zum wahren Problem zur Problemwurzel

Versuchen Sie deshalb zwischen diesen beiden Problemkategorien zu unterscheiden:

- Probleme, die in Richtung Lösung schnell und ohne detaillierte Analyse angegangen werden sollten
- Komplexe Problemzustände, bei denen nicht zu schnell vom Problem auf die Lösung gesprungen werden darf

Bleiben Sie flexibel, aber nehmen Sie sich ausreichend Zeit vor Ort für die Analyse des Ist-Zustands, um das wahre Problem zu finden.

„Das Problem zu erkennen ist wichtiger als die Lösung zu finden, denn die genaue Darstellung des Problems führt fast automatisch zur richtigen Lösung."
Albert Einstein

Sobald Sie die Problemwurzel bzw. das Hauptproblem erkennen, suchen Sie nach einer passenden Lösung und denken dabei in Alternativen.

Von der Problemlösungs-Kompetenz zur Problemlösungs-Konsequenz

- Was sind die Probleme (1, 2, 3,...)?
- Wählen Sie ein Problem aus,
  es muss nicht unbedingt das größte sein.
- Was ist die Ursache für das Problem?
- Ändern oder lassen?
- Welche Lösungsalternativen gibt es (1, 2, 3,...)?
- Welches ist die beste bzw. eine naheliegende Lösung?
- Welchen Lösungsansatz wählen Sie?
- Was ist der nächste Schritt
  (innerhalb der nächsten 72 Stunden)?
- Wie bleiben Sie am Ball?
- Bei Erfolg: was gönnen Sie sich als Belohnung?

„Den Hebel richtig ansetzen" bedeutet zu erkennen, wo Taten zu signifikanten, dauerhaften Verbesserungen führen.

Wichtig ist, dass Sie bei der Bewertung der Informationen differenzieren nach: „Was sind Fakten?", „Was sind Vermutungen?" und „Führen uns die Emotionen in die richtige oder falsche Richtung?".

Wenn Sie sich für eine passende Lösung entschieden haben, setzen Sie die Idee sofort um - was nicht mit „überhastet" verwechselt werden darf.

Wenn Sie den ersten Schritt in den folgenden 72 Stunden angehen, so ist die Wahrscheinlichkeit hoch, dass Sie das Thema zu Ende bringen.

Es ist zwar wichtig, eine Verbesserung schnell umzusetzen, aber sobald andere betroffen sind, müssen wir mit Veränderungen sensibel umgehen.

Ideen können noch so gut sein - werden sie nicht von der Masse getragen, sind sie nichts wert. Hier nützt auch die perfekteste Ausarbeitung nichts – die Veränderung wird sich auf Dauer nicht durchsetzen. Deshalb ist es wichtig, dass Sie die Personen, die durch eine Veränderung betroffen sein könnten, rechtzeitig einbeziehen.

Insbesondere Ängste dürfen Sie nicht übergehen oder gar wegargumentieren. Nutzen Sie die Widerstände als wertvollen Beitrag zur Optimierung der Lösung und des Umsetzungsplans. Hören Sie erst zu, um zu verstehen, wo Gründe für die Angst und die Widerstände liegen.

Wenn sich die Bedenkenträger dabei aktiv einbringen können, ist die Wahrscheinlichkeit hoch, dass sie auch bei der Umsetzung mitwirken. Wenn Sie es schaffen, Vorbehalte aufzulösen und sich Ihre Zuversicht auf die Betroffenen überträgt, erhält Ihre Lösung Rückenwind (siehe auch 4-Schichten-Modell am Ende des Buches).

Nehmen Sie sich also genügend Zeit wenn es darauf ankommt, aber wagen Sie auch mal etwas mit Ihrem Team, denn der frühe Vogel fängt den Wurm.

Kata – Karateübungen in der Produktion?

„Die größten Erfolge erreicht man nicht mit dem Erlernen von Neuem, sondern dort, wo man Dinge besser tut, die man schon gut getan hat."
Peter Drucker

Abbildung 26:
Nehmen Sie sich die Zeit, um Ihre Arme zu verschränken.

Bitte machen Sie den folgenden kurzen Versuch: kreuzen Sie Ihre Arme wie gewohnt und dann anders herum. War dies für Sie beim zweiten Versuch auch seltsam? Wie einfach ist es dagegen, wenn wir Dinge tun, ohne darüber nachdenken zu müssen.
So ist es für uns eben nicht so einfach, wenn wir Handlungen neu erlernen oder verändern wollen – ganz zu schweigen davon, wenn wir müssen.

Das Festlegen von Methoden oder eine Schulung reichen definitiv nicht, um Menschen zu bewegen. Nur was Sie regelmäßig wiederholen, geht in eine Routine über - und das gilt eben nicht nur für Karateübungen, das Zähne putzen, das Autofahren und das Tanzen.

Gerade beim Autofahren werden die Unterschiede zwischen Routine und Überforderung durch zu viele Informationen deutlich. Der Anfänger ist voll konzentriert und versucht alle Eindrücke und Verkehrshinweise aufzunehmen. Trotzdem oder gerade auch deshalb passieren gerade ihm mehr Unfälle als einem routinierten Fahrer, der alles Unwesentliche ausblendet. Auf diese Weise funktionieren viele unser Gewohnheiten.

Nicht umsonst gibt es auch beim Tanzen Standards. Es macht einfach keinen Sinn, Tänze immer wieder neu zu erfinden. Stattdessen leben Profitänzer davon, dass sie die bekannten Abläufe immer wieder üben. Dabei verschiebt sich durchaus der Fokus. Mal achtet der Tänzer auf den flüssigen Ablauf, mal auf den exakten Rhythmus und dann wieder auf die Haltung.

Abbildung 27:
Exzellenz erreichen nur die Tänzer, die immer wieder die gleichen Bewegungsabläufe üben.

Kein Tänzer würde Tango im ¾-Takt tanzen wollen, nur weil er befürchtet sonst nicht kreativ genug sein zu können. Genau das ist im Berufsleben oft das Argument, wenn ein Mitarbeiter Standards ablehnt und sich stattdessen lieber jedes Mal für neue Problemlösungswege und -methoden entscheiden möchte.

Suchen diese Mitarbeiter Ausreden für Ihre fehlende Disziplin?

Das Gehirn lernt das, was wir wiederholen. Im Gedächtnis entstehen Trampelpfade wie Spuren im Schnee: diese werden intuitiv immer wieder genutzt.

Bei japanischen Kampfsportarten wird eine Routine als Kata bezeichnet. Durch das gebetsmühlenartige Erlernen von Bewegungen gehen die Abläufe in Fleisch und Blut über.
Durch das Wiederholen von Verhaltensroutinen und Denkmustern werden richtige Abläufe reproduzierbar verinnerlicht. Das gilt für Individuen als auch für ganze Organisationen.

Kultur entwickelt sich aus Verhalten

- Neue Verhaltensweisen und Routinen werden konsequent trainiert, geübt und praktiziert
- Neue Gewohnheiten verfestigen sich und beeinflussen das Denken und Handeln der Mitarbeiter auf Dauer
- Gleichartiges Verhalten der Mitarbeiter wirkt auf die Kultur des Unternehmens

Wenn wir die Mitarbeiter nicht anleiten, wie sie etwas tun sollen, spulen diese ihre gewohnten Verhaltensmuster ab. Was sollen sie auch sonst tun?
Selbst wenn sie dies nach bestem Wissen und Gewissen tun – diese durch eine kognitive Voreingenommenheit geprägten Handlungsweisen sind nicht immer im Sinne einer Firma.
Selbst wenn Mitarbeiter versuchen Neuerlerntes aus einer Theorieschulung umzusetzen, ergibt sich eine große Spreizung an Vorgehensweisen in der Firma.

Warum brauchen wir Verbesserungsroutinen?

**„Kleinigkeiten sind es, die Perfektion ausmachen,
aber Perfektion ist alles andere als eine Kleinigkeit."**
Henry Royce

Wie entwickeln wir Mitarbeiter zu guten Problemlösern?
Wie bereits beschrieben, reichen Konzepte bzw. Schulungen nicht
aus, um Denk- und Verhaltensweisen zu verändern.
In den letzten Jahren wurden zwei Routinen von den Toyota-
Anhängern als integraler Bestandteil von Toyotas Führungskultur
ausgelobt:

- Die Verbesserungs-Kata als Routine zur kontinuierlichen
  Verbesserung im Sinne der Unternehmensziele – das
  Arbeiten mit Verbesserungs-Routinen wird in diesem
  Kapitel erläutert;
- Die Coaching-Kata als Routine zur täglichen Mitarbeiter-
  und Organisationsentwicklung wird in einem späteren
  Kapitel beschrieben.

Mit einer Verbesserungs-Routine bearbeitet ein Mitarbeiter ein
bestimmtes Problem mittels gleichlautender Fragen - immer wieder
auf die gleiche gebetsmühlenartige Weise.
Das Ziel ist, bestimmte Probleme standardisiert zu bearbeiten und
das von Mitarbeiter aller Hierarchieebenen gleichermaßen, denn
sonst kann sich das Vorgehen nie zu einer echten Unternehmens-
Routine entwickeln.

Dieser Problemlösungsablauf sollte ein integraler Teil der täglichen
Arbeit sein, in jeder Situation anwendbar, aber auch für Anfänger
geeignet sein.

Soweit zur Theorie.

Da wir nicht wissen, ob sich unsere Lösungsidee bewährt, ist es wichtig, dass wir lernen, kleine Einzelschritte auszuprobieren und Schlüsse aus diesem Ergebnis zu ziehen.

„Probieren geht über diskutieren."
Mike Rother

Damit eignen wir uns die Fähigkeit und Routine an, Lösungen experimentell und in kleinen Schritten durchzuführen. Mitarbeiter bekommen auf diese Weise wortwörtlich Routine, Verbesserungen effizient anzugehen und mit weniger Anstrengung zu erreichen.
Die folgende Checkliste ist ein Beispiel für eine entsprechende Verbesserungsroutine.

Verbesserungsroutine - Checkliste	
	1. Aktuelle Situation, was sind die Probleme?
	2. Was ist das Haupthindernis?
	3. Welches ist die Kernursache?
	o Warum ...?
	o Warum ...?
	o Warum ...?
	o Warum ...?
	o Warum ...?
	4. Maßnahme - Erwartung an das Ergebnis
	5. Bewertung - bei Erfolg Standardisierung

Abbildung 28:
Checkliste für eine Problemlösungs-Routine

Stellen Sie sich vor, sie kommen in die Fertigung und fragen den Vorarbeiter, an welchem Problem er gerade arbeitet und er sagt:

1. „Mein Hauptproblem war, dass meine Linie einige Tage die Stückzahl nicht erreicht hatte".

2. „Das Haupthindernis war die fehlende Kapazität am Engpass".
3. „Nachdem ich fünfmal warum gefragt habe, hat sich als Kernursache herausgestellt, dass dem neuen Mitarbeiter nicht klar war, dass diese Engpassmaschine immer laufen muss".
4. „Meine Maßnahme war, dass diese Information nun Teil des Einarbeitungsplans ist und ausgehängt wird".
5. „Dies habe ich mit meinem Abteilungsleiter besprochen, der dies auch in anderen Linien als Standard einführen wird".

Sie glauben, dass dies ein besonders kompetenter Mitarbeiter war? Stimmt, aber auch eine konsequente Führungskultur, denn „von nichts kommt nichts".

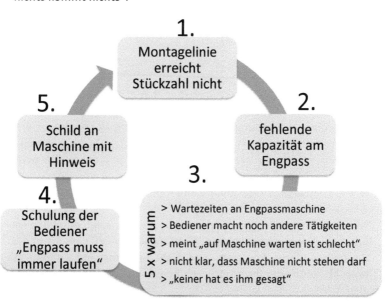

Abbildung 29:
Konkrete Anwendung der Problemlösungs-Routine bzw. Checkliste aus Abbildung 28 am Beispiel Engpass

Abbildung 30:
Problemlösungs-Routine als Alternative zum PDCA-Kreis

Durch die Anwendung der Verbesserungs-KATA bzw. von Problemlösungsroutinen verbessern Mitarbeiter ihre Kompetenz, Aufgaben iterativ zu bearbeiten und lernen auf die Weise neue Wege zu gehen. Dabei wächst ihr Selbstvertrauen und der Glaube daran, dass Sie unvorhersehbare Situationen meistern können.

Falls Ihnen meine Problemlösungsroutine nicht zusagt, empfehle ich Ihnen eine eigene Kombination. Es ist nicht sinnvoll, dass Sie etwas übernehmen bzw. kopieren, was nicht entsprechend optimal zu Ihren Abläufen oder Ihrer Unternehmenskultur passt.

Praxisbeispiel PDCA-Kreis (Plan-Do-Act-Check)

Ein Arbeitsplatz soll durch die optimale Anordnung der Werkzeuge effizienter und ergonomischer werden (Plan).

Dies wird nicht von langer Hand geplant, sondern stattdessen werden jeweils provisorische Vorrichtungen aus Pappe oder Holz angebracht und im laufenden Betrieb testweise genutzt (Do).

Am Folgetag wird die Anordnung optimiert und nochmals getestet. Die Ergonomie wird so lange verändert bis kürzeste natürliche Bewegungen erreicht werden – ein Optimum aus Akzeptanz, Ordnung und Effizienz (Check).

Erst dann wird dies durch einen Dienstleiter professionell in „Stahl und Eisen" umgesetzt (Act).

In den **Standard** übernehmen

Maßnahme **planen**

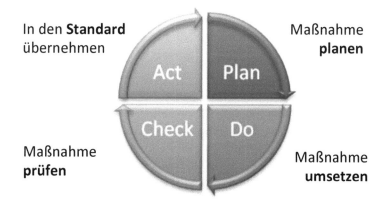

Maßnahme **prüfen**

Maßnahme **umsetzen**

Abbildung 31:
„PUPS" als Auslegungsvariante des PDCA-Kreises
(planen, umsetzen, prüfen, standardisieren)

Eine festgelegte Problemlösungsroutine wird nur dann funktionieren, wenn der oberste Produktions-Chef dies einfordert und einschlafen, wenn dies nicht konsequent oder nur von wenigen Einzelpersonen durchgeführt wird.

Die Rolle der Führungskraft als Coach

„Ein Manager sollte nicht alles selber machen, aber er sollte coachen, trainieren und all die Dinge tun, um andere dazu zu bringen, erfolgreich zu sein."
James Martin

Wir müssen uns bewusst sein, dass alle Führungskräfte indirekt Lehrer sind. Sie leben Handlungsweisen vor und bestimmen so die Fähigkeiten einer Organisation.
Und weil eine Firma nicht nur aus kreativen, energiegeladenen und konsequent agierenden Mitarbeitern besteht, müssen diese entwickelt werden. Dies darf nicht dem Zufall überlassen werden.
Führen und Coachen ist deshalb ein unzertrennliches Duo moderner Führung geworden.

Eine Verhaltenskultur entsteht von oben nach unten

- Das oberste Management erzielt Einigkeit über ein gemeinsames Zielfoto.
  Dies kann wie bei Toyotas Nordstern auch eine nie erreichbare Vision sein - Hauptsache, sie ist erstrebenswert (siehe auch Seite 12).
- Im Führungskreis wird das Zielfoto solange ausdiskutiert bis das Ziel bzw. die Intension klar verstanden ist.
  Dies gilt gleichermaßen für wichtige Methoden und Prinzipien.
- Diese Vision wird mit einem oder mehreren verständlichen Zwischenzielen auf die nächste Ebene herunter gebrochen.
- Alle Führungskräfte der Produktion werden einheitlich und gemeinsam geschult. Der oberste Produktionsleiter macht die Erwartungen an das Training deutlich.
- Regeln im Tagesgeschäft oder ein Auditsystem binden alle Beteiligten ein und sorgen dafür, dass sich die Führungsmannschaft ausreichend Zeit zum Coachen nimmt.

Grundsätzlich gilt, dass sich eine Schulung nur dann lohnt, wenn das Gelernte danach angewendet wird. Also sollte ein Wiederholen der Übungsmuster im Alltag gefördert werden. Bei der Firma SEW gilt deshalb:

„Keine Schulung ohne unmittelbarem Einsatz sofort danach, d.h. am nächsten Tag."
Markus Reichert

Oftmals ist es jedoch so, dass sich die Chefs gar nicht genau mit den Inhalten der Schulung auseinandersetzen und/oder andere Werte leben. Besser wäre es, wenn sich der Vorgesetzte *vorher* genau überlegt, welche Inhalte geschult werden sollen, und dann die Inhalte mit dem Trainer entsprechend im Detail abstimmt.

Ideal ist es, wenn alle Mitarbeiter einer Zielgruppe einheitlich trainiert und systematisch angeleitet werden – dadurch sprechen alle eine gemeinsame Sprache. Gerade das gleiche Vokabular erleichtert die Arbeit wesentlich, denn so können Sachverhalte direkt und auf den Punkt kommuniziert werden. Insbesondere wichtige Fachbegriffe werden eindeutig bzw. zielführend eingesetzt und verstanden.

Übung macht den Meister

• Es gibt keine Alternative zum Üben und Wiederholen.
• Vorgesetzte als Vorbilder lehren und coachen ihre Mitarbeiter tagtäglich nach gleichem Muster.
• Sie ermuntern durch Fragen, eigene Verbesserungen im Alltag zielgerichtet und lösungsfrei zu entwickeln und umzusetzen.
• Freude an der Beherrschung einer Tätigkeit verstärkt den Lerneffekt.
• Wachsendes Selbstvertrauen, Zuversicht und Eigenmotivation ermöglichen dem Mitarbeiter kontinuierlich größere Herausforderungen anzugehen und zu bewältigen.

Ein Lerneffekt aus Frontalschulungen entsteht besonders dann, wenn die Vorgesetzten diese Inhalte abfordern und tagtäglich vorleben.

Durch ständige Übung wird die Beherrschung des Gelernten sichergestellt. Auf diese Weise werden die Synapsen der Mitarbeiter bzw. der Organisationskulturen nach und nach neu verknüpft, um alternative Fähigkeiten und Problemlösungsansätze möglich zu machen.

Kaskade des Denkens
(frei nach Michael Buchholz)

* Denken
* Tun
* Gewohnheit
* Charakter

Wenn das Verhalten des Managements gleichbleibend, klar, konsequent und widerspruchsfrei ist, ahmen ihre Mitarbeiter diese erstrebenswerte Vorgehensweise normalerweise gerne nach.

Es geht nicht um irgendwelche Verhaltensweisen eines unbekannten Trainers – stattdessen wird genau das vermittelt, was dem Vorgesetzten bzw. dem Unternehmen wirklich wichtig ist.

Erfahrungsgemäß sieht die Realität oftmals anders aus.
Die Coaching-Kata bzw. Coaching-Routinen setzen hier an.

Die Coaching-Kata als Führungsroutine

„Nur was von allen verstanden wird,
kann auch von allen gelebt und umgesetzt werden."
Peter May

Die Coaching-Kata ist eigentlich nichts anderes als eine standardisierte Abfolge von Fragen, die ein Mentor in regelmäßigen Abständen stellt, ohne den Schüler bzw. Mentee in eine bestimmte Richtung zu steuern. Der Mentee soll mit dieser Orientierungshilfe seine eigenen Lösungen erarbeiten. Gleichzeitig lernt er das Denken in Verbesserungsroutinen.

Praktisch alle Bücher und Unterlagen zur Coaching-Kata scheinen Ihren Ursprung bei Mike Rother zu finden. Der Ansatz ist gut, aber die Trainingsunterlagen sind amerikanisch eingefärbt und teilweise mit Bildern unterschiedlicher Stile überfrachtet.
Schon der Begriff Coaching-Kata passt nicht zu jedem Unternehmensvokabular. Deshalb rate ich dazu, die Systematik nicht unreflektiert zu übernehmen, denn das birgt das Risiko, damit zu scheitern.

Zunächst empfehle ich, klar verständliche Verbesserungs-Routinen zu entwickeln. Voraussetzung: sie müssen zur Kultur des Unternehmens passen und sollten vom gesamten oberen Management wirklich gewollt sein oder zumindest getragen werden.

**Die gesamte obere Führungsriege
muss von dieser Idee begeistert sein.**

So ist sichergestellt, dass diese Routinen durch die Führungskräfte vorgelebt und angewendet werden. Nur wenn diese Voraussetzung erfüllt ist, besteht die Chance, dass auch das mittlere Management aus Fertigungsleitern, Meistern und Teamleitern die Werkzeuge konsequent und dauerhaft anwendet. Dann ist der Grundstein gelegt.

Verbesserungsroutinen zu lernen und zu beherrschen setzt regelmäßiges Üben unter Anleitung eines erfahrenen Coaches voraus. Der Coach unterstützt methodisch und sorgt für ein vorwurfsfreies Umfeld des Mentees.

„Gesunder Menschenverstand und Phantasie helfen dabei, sich voranzutasten."
Albert Einstein

Die Coaching-Routine wird in einer täglichen Führungskaskade genutzt und geübt. Der Coach stellt offene Fragen, liefert also keine Lösungsvorschläge.

Coaching-Routine - Checkliste

1. Was ist der Ziel-Zustand?
2. Wie sieht der derzeitige Ist-Zustand aus?

   Reflektieren Sie dabei den letzten Schritt:
   - ☐ Was hatten Sie vor?
   - ☐ Was passierte tatsächlich?
   - ☐ Welche Schlüsse ziehen daraus?
3. Welche Hindernisse halten Sie aktuell ab, den Ziel-Zustand zu erreichen?
4. Welches Hindernis gehen Sie als nächstes an?
5. Wie sieht Ihr nächster Schritt konkret aus?
6. Wann schauen wir uns das Ergebnis an?

Abbildung 32:
Checkliste für eine Coaching-Routine - entwickeln Sie Ihre eigene!

Der Mentee erarbeitet die Lösungen in Richtung Zielzustand. Durch die Coachings lernt er Probleme zielgerichtet zu lösen, aber auch die Abfolge der Fragen auf dem Verbesserungsweg zu verinnerlichen.
Zusätzlich wird der Mentee trotz der Tageshektik motiviert, Verbesserungen kontinuierlich bzw. täglich anzugehen und zu verfolgen.

Der Mentee optimiert und lernt letztlich auch für seinen Coach. Dieser wiederum erkennt die Bemühungen des Mentee an, bringt ihm das methodische Wissen bei und stellt sicher, dass die konkreten nächsten Schritte auch wirklich in Richtung des gemeinsamen Zielzustandes führen.

Was ist der Ziel-Zustand:	*im Gang stehen keine Paletten mehr*					
	Was ist der Ist-Zustand?			Welche	Welches Hindernis	Wie sieht Ihr
Datum	Was hatten Sie vor?	Was passierte tatsächlich?	Welche Schlüsse ziehen Sie?	Hindernisse halten Sie aktuell ab?	gehen Sie als nächstes an?	nächster Schritt konkret aus?
02.04.15	bla bla bla	bla bla bla	bla bla bla	bla bla bla	bla bla bla	bla bla bla
03.04.15	bla bla bla	bla bla bla	bla bla bla	bla bla bla	bla bla bla	bla bla bla
03.04.15						

Abbildung 33:
Coaching-Checkliste in Tabellenform

Coaching-Gespräche sollten zu festen Zeiten eingeplant und durchgeführt werden. Dabei werden lange Diskussionen vermieden. Drei Termine pro Woche haben sich bewährt.
Verbesserungsroutinen werden idealerweise täglich angewendet.

„Voller Einsatz bringt Erfolg, halber Einsatz bringt nichts."
Holger Sobanski

Eine Coaching-Kata kann nur zur Routine werden, wenn sie konsequent angewendet wird. Die entsprechende Kaskade muss wohl überlegt sein und konsequent gelebt werden.

Die Rollen müssen in der Organisation verankert sein, also klar festgelegt, geschult und geübt werden.

Die folgende Tabelle gibt Ihnen einen Anhaltspunkt, wie strukturierte Coaching-Gespräche ablaufen könnten und wie eine mögliche Rollenverteilung aussehen kann:

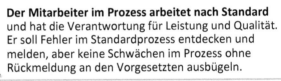

	Verbesserung in der Produktion
Der Mitarbeiter im Prozess arbeitet nach Standard und hat die Verantwortung für Leistung und Qualität. Er soll Fehler im Standardprozess entdecken und melden, aber keine Schwächen im Prozess ohne Rückmeldung an den Vorgesetzten ausbügeln.	
Der Vorarbeiter/Teamleiter sucht nach Abweichungen im Standard und reagiert sofort auf Störungen, d.h. verbessert Prozesse im Dialog mit dem Mitarbeiter und Coach. Dazu entwickelt er kontinuierlich bessere Lösungen, die er bei Erfolg im Standard verankert.	

	Mitarbeiter- und Organisationsentwicklung
Der Meister/Fertigungsleiter als Coach des Teamleiters Er stellt sicher, dass dieser die Verbesserungsroutinen übt und einhält, d.h. stellt regelmäßig standardisierte Fragen zu Verbesserungen in Richtung Zielsetzung ohne dabei Lösungen zu suggerieren.	
Der „Coach-Coach" überprüft den Coaching-Prozess und stellt sicher, dass die Coachings regelmäßig, zielgerichtet und strukturiert stattfinden, d.h. nach den Unternehmens-Standards, Methoden und Routinen und sorgt für entsprechende Rahmenbedingungen.	

Abbildung 34:
Rollen und Aufgaben in der Coaching-Kata als Führungsroutine

Praxisbeispiel als mögliche Pilot-Vorgehensweise

- Auswahl eines erfahrenen Trainers oder Beraters
- Festlegung des Coaches (z.b. ein Fertigungsleiter, ein Mitarbeiter des KVP-Teams)
- Festlegung der Mentees (z.b. zwei jeweils unterstellte Teamleiter)
- Information der Beteiligten durch den Chef zur Zielsetzung und der Vorgehensweise - es muss klar werden, dass die Umsetzung der Kata-Methodik ein Unternehmensziel ist und keine Wunschveranstaltung
- Schulung bzw. Coaching der Beteiligten durch den Berater oder Trainer

- Definition des Coaching-Ziels (z.b. „Als Teamleiter nehme ich mir zukünftig eine halbe Stunde pro Tag mehr Zeit, um mich aktiv um Verbesserungen zu kümmern.")
- Festlegung des Optimierungsthemas, das zum Zielzustand führt, z.b. Optimierung des Tagesablaufs („Welche Aufgaben kann/sollte ich reduzieren oder ganz weglassen, um freie Zeit zu gewinnen?")
- Festlegung der Coaching-Termine (z.b. „Coach-Teamleiter" Montags, Mittwochs und Freitags um 8:10 bis 8:30)
- Vereinbarung von Coach-Coach-Gesprächen zur Reflektion mit dem Trainer/Berater (z.b. Mittwochs um 8:30)

- Durchführung

Anmerkung: es eigenen sich nur Optimierungsziele, bei denen das Ziel klar ist, aber der Weg dort hin noch nicht. Außerdem müssen Fortschritte kurzzyklisch erzielbar sein. Aufgaben, die Projektcharakter haben, sind nicht geeignet, da diese normalerweise klar definierte Teilaufgaben mit größerem Inhalt besitzen.

Praxisbeispiel

Die Firma TRUMPF entwickelte das synchrone Produktionssystem in einem zweiten Schritt zu „SYNCHRO PLUS" weiter. Mit diesem Schritt soll die Managementkompetenz gestärkt werden - als Basis für die beiden Säulen „Methoden" und „Shopfloor-Management". Dabei kam die Verbesserungs-Kata ins Spiel.

Das Fazit des Produktions-Geschäftsführers Herr Dr. Kammmüller lautet: „Der Kata-Prozess braucht Zeit". Trotzdem ist dieses Element bei TRUMPF inzwischen selbstverständlich geworden. „Die Kata bietet eine riesengroße Chance für einen weiteren Kulturwandel", d.h. als Werkzeug, „um Veränderungskompetenz zu schulen" (Leikep, 2014).

Führen am Ort der Wertschöpfung

„Die einzigen Dinge, die sich in einer Organisation von selbst
entwickeln, sind Unordnung, Reibung und Leistungsmängel."
Peter Drucker

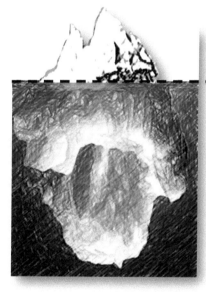

sichtbar
O Visualisierung
O Ordnung und
   Sauberkeit

unsichtbar
O Kultur
O Effizienz
O Konsequenz
O Führen vor Ort

Abbildung 35:
*Konsequenz und Führen vor Ort sind wichtige Themen, die nicht
gemessen werden können.*

Fachleute und Führungskräfte sollten nicht im Büro an Problemen
der Fertigung arbeiten, sondern mit den Menschen vor Ort in der
Produktion, also am Shopfloor.

Warum?

Weil das Bild im Kopf von der Wirklichkeit abweicht und wir uns nicht alle Details merken können. Außerdem wissen die Mitarbeiter in der Fertigung viel besser, was sie behindert. Nicht zu vergessen, dass ihre Akzeptanz ganz entscheidend ist, wenn neue Lösungen in der Produktion erfolgreich eingeführt werden sollen.

Start in einen gut organisierten Tag

- Es wird am Ort des Geschehens geführt und nicht vom Schreibtisch aus.
- Jeden Tag um die gleiche Uhrzeit erfolgt ein Regelgespräch mit standardisierten Inhalten. Somit haben die Führungskräfte kurzzyklisch die Gewissheit, dass sie „im grünen Bereich" sind.
- Abweichungen vom Plan und resultierende Maßnahmen werden zeitnah mit den entsprechenden Fachleuten diskutiert.
- Probleme werden auf der eigenen Hierarchieebene gelöst, zumindest soweit dies möglich ist.
- Entscheidungen können bei Bedarf noch am selben Tag auf die nächsthöhere Hierarchie eskaliert werden.
- Das tägliche Regelgespräch beginnt deshalb in der kleinsten Führungseinheit vor Ort und wird jeweils auf der nächsthöheren Führungsebene wiederholt.
- In Bezug auf „Wille und Disziplin" fungiert das obere Management als Vorbild.

Das Führen am Ort der Wertschöpfung (Shopfloor-Management) ist nicht leicht, weil ständig Störungen herein prasseln. Das erschwert das Differenzieren zwischen „wichtig", „dringend" und „unwichtig". Den Mitarbeitern und Führungskräften in der Fertigung wird eine hohe Disziplin abverlangt, an der Optimierung von Prozessabnormalitäten und der Verbesserungskultur zu arbeiten.
Bei Toyota verwenden die Vorarbeiter, Teamleiter und Abteilungsleiter 50 Prozent Ihrer Zeit für Verbesserungs- und Coaching-Aktivitäten. In deutschen Produktionen haben Gruppenleiter oder Meister oftmals eine zu hohe Führungsspanne.

„Wir sind, was wir immer wieder tun.
Exzellenz ist keine Handlung, sondern eine Gewohnheit."
Aristoteles

Shopfloor-Management darf keine Modeerscheinung sein, die vom Management delegiert wird. Es funktioniert nur dann, wenn die Eskalation bis zur Produktionsleitung geregelt ist.

Abbildung 36:
Toyotas Problemlösungskreislauf im Shopfloor-Management

Die Basis bildet ein tägliches Regelgespräch am Shopfloor. In diesem strukturierten Dialog zwischen Mitarbeitern und Führungskräften werden Probleme direkt adressiert und Maßnahmen schnell entschieden, ggf. erfolgt eine weitere Eskalierung nach oben. Kapazitätsprobleme müssen zum Beispiel sofort angegangen werden.

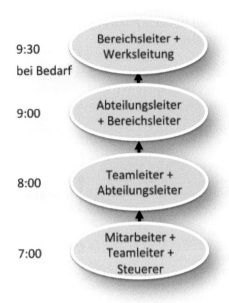

9:30
bei Bedarf

Bereichsleiter +
Werksleitung

9:00

Abteilungsleiter
+ Bereichsleiter

8:00

Teamleiter +
Abteilungsleiter

7:00

Mitarbeiter +
Teamleiter +
Steuerer

Abbildung 37:
Tägliche „Stehungen" im Rahmen des Shopfloor-Managements

Praxisbeispiel

Bei der Firma TRUMPF steuern sich die Teams eigenverantwortlich über Kennzahlen. Die Vorgaben sind aus den Bereichs- bzw. Jahreszielen abgeleitet. Durch einfache Visualisierungen aus Papiervorlagen und Farbstiften ist ersichtlich, ob die Teams im grünen oder im roten Bereich sind. IT-Lösungen werden an dieser Stelle so weit wie möglich ausgespart.
Die Gruppenleiter führen die Informationen täglich zusammen und geben sie in kurzen gemeinsamen Meetings am Shopfloor an den Leiter der Produktionseinheit weiter. Bis halb zehn laufen die Informationen beim Werksleiter zusammen. Der Produktions-Geschäftsführer Herr Dr. Kammmüller nimmt jede zweite Woche an den täglichen "Stehungen" teil.

Abbildung 38:
Shopfloor-Management-Tafel mit handgeschriebenen Einträgen, einer Agenda, Besprechungsregeln und verschiedenen Magneten, um die Probleme und Maßnahmen visuell sichtbar zu machen. Die wichtigsten Probleme, Erfolge und Maßnahmen werden vom Tafel-Verantwortlichen in ein Formblatt übertragen und in der nächsten Ebene entsprechend visualisiert und kommuniziert.

Wie wär es mit einem zweiten Hut?

**„Wir haben kein Erkenntnisproblem,
wir haben ein Umsetzungsproblem!"**
Roman Herzog

Es ist nicht selbstverständlich, dass Führungskräfte einer Managementebene ähnliche Managementprozesse und Abläufe auf die einheitliche Weise durchführen (wollen). Sich auf gleiche Routinen und Standards mit den Kollegen zu einigen, gehört selten zu den Stärken einer Organisation.

Dies hängt damit zusammen, dass jeder seine eigenen Vorstellungen und Erfahrungen hat. Außerdem ist es allzu menschlich, dass auch Führungskräfte nicht immer konsequent in ihrem Handeln sind.
Mehr Spaß macht es, sich mit neuen Ideen zu profilieren und zu differenzieren. Fehlende Akzeptanz für Lösungen des Kollegen („not invented here") und die eigene egoistische Herangehensweise zur Einführung von neuen Prozessen im eigenen Bereich sind für Standards hinderlich („Das war meine Idee, aber ob dies andere nutzen ist mir egal - ich denke doch nicht für andere mit").

Fazit: das Verwenden von unternehmensweiten Routinen und Standards im täglichen Arbeitsablauf muss aktiv vorangetrieben werden – sonst macht jeder sein Ding.
Zum Glück setzen sich in Unternehmen flächendeckende Prinzipien oder Werkzeuge durch - Tools, die erfolgreich funktionieren und entsprechend gerne angewendet werden – zumindest in Teilbereichen.

Was ist das Erfolgsgeheimnis von solchen fertigungsnahen Kernprozessen bzw. Tools, die sich durchsetzen?

- Mitarbeiter mit Herzblut und Entwicklergeist für das jeweilige Thema.
- Diese Mitarbeiter haben klein angefangen und ihre Lösungen ständig weiterentwickelt und das am Ort des Geschehens.
- Durch viele Optimierungsregelschleifen ist eine ausgegorene Lösung entstanden, die allseits bekannt und akzeptiert ist.
- Es gibt einen klaren Ansprechpartner, der jederzeit gerne unterstützt und schult.
- Somit entsteht eine kontinuierliche praxisnahe Optimierung und am Ende ein ausgereiftes Konzept im Sinne von Best Pratice, das sich im Unternehmen herumspricht.
- Plötzlich ist man rückständig, wenn man diese Lösung nicht einsetzt – es entsteht Handlungsdruck.

Abbildung 39:
Jeder Fertigungsleiter sollte neben seiner Führungsverantwortung für einen unternehmensweiten Standard verantwortlich sein.

Mit der Zeit verkümmern etablierte Standards weil eine praxisnahe Feedbackschleife fehlt und die Lösungen auf diese Weise „in die Jahre kommen".

„Prozesse sind wie schöne Autos.
Ohne ständige Pflege verfallen sie innerhalb kürzester Zeit!"
Mike Rother

Dies gilt besonders, wenn Mitarbeiter den Eindruck haben, dass der Chef kein erkennbares Interesse mehr zeigt und andere Prioritäten setzt.

Wenn Sie als Unternehmen „gleiches gleich machen" wollen und das mit effizienten und ausgereiften Lösungen brauchen Sie dafür gute Rahmenbedingungen:

- Einen Lenkungskreis für das Produktionssystem.
- Jeder Fertigungsleiter übernimmt zusätzlich neben seiner Führungsverantwortung die Betreuung eines strategischen Kernprozesses bzw. eines wichtigen Produktionsstandards (wie einen zweiten Hut).
- Ziel ist es, den neuen oder vorhandenen Kernprozess in Theorie und Praxis abteilungsübergreifend (weiter) zu entwickeln. Themenbeispiele: Coaching-Kata, Kennzahlen, Kanban-Steuerung, Shopfloor-Management.
- Eine Liste der aktuell laufenden Kernprozessoptimierungen macht Potenziale transparent und vermeidet Doppelarbeit (was, wer und wo).
- Wenn eine potenzielle Einzellösung einen bestimmten Reifegrad erreicht hat, wird im Lenkungskreis diskutiert und entschieden, ob diese als Standard in Frage kommt.
- In diesem Fall wird die Lösung offiziell in einen Pilotprozess überführt und Erfolgskriterien für die Einführung als Unternehmensstandard festgelegt.
- Falls sich der neue Kernprozess bewährt, wird eine produktionsweite Einführung durch den Prozess-

Verantwortlichen vorgenommen. Bei Bedarf wird dies durch eine entsprechende Fachabteilung unterstützt.

- Dazu gehören eine leicht verständliche Handlungsanleitung und entsprechende Schulungen.
- Gleichzeitig sollte über die „in die Jahre gekommenen" Werkzeuge abgestimmt werden. Im Sinne einer kontinuierlichen Müllabfuhr sollte bei der Einführung einer neuen Systematik jeweils ein „altes" Prinzip bzw. Werkzeug weichen.

4. Kapitel

Durch Konsequenz
zur Exzellenz
–
weitere Themen
rund um
Konsequenz

Vom Basis-Kaizen zum Hoshin Kanri

„Wer aufhört, besser zu werden, hat aufgehört gut zu sein."
Philip Rosenthal

Kaizen ist der japanische Begriff für den kontinuierlichen Verbesserungsprozess (KVP). In Deutschland werden damit meistens Verbesserungsprojekte und das betriebliche Vorschlagswesen assoziiert.
Mit den kleinen kontinuierlichen Verbesserungen im Tagesgeschäft tun sich Firmen oftmals schwerer.

In Anlehnung an Toyota unterscheidet man drei Ebenen des Kaizens:

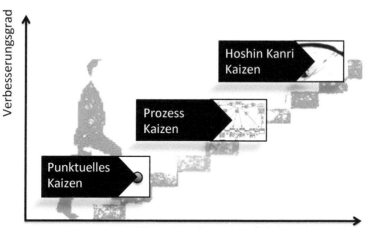

Abbildung 40:
Hoshin Kanri Kaizen mit höchstem Verbesserungs- und Reifegrad

Punktuelles oder Basis Kaizen

Hier geht es um Einzelverbesserungen ohne eine ganzheitliche Betrachtung des Prozesses oder der Unternehmensstrategie, z.b. die Verbesserung eines Formulars, die Optimierung der Rüstzeiten an einer Maschine oder die ergonomische Anordnung der Werkzeuge am Arbeitsplatz.
Gerade auch die vielen kleinen täglichen Verbesserungen sind sehr wertvoll. Diese können kleinster Art sein, sollten aber zeitnah umgesetzt werden.
Ein Problem beim punktuellen Kaizen ist, dass die entsprechende Verbesserungsmaßnahme losgelöst vom gesamten Wertstrom durchgeführt wird. Das heißt schlimmstenfalls, dass die Verbesserung aus ganzheitlicher Unternehmenssicht verpufft.
Beispiel:
Ein isolierter Arbeitsgang wird durch die Optimierung schneller. Als Teil eines ausgetakteten Arbeitssystems führt dies dann zu Wartezeiten des entsprechenden Mitarbeiters, also nicht zu einer Kosteneinsparung.

Mitarbeiter wollen im Normalfall produktiv arbeiten und fühlen sich unwohl, wenn Wartezeiten ohne Aktivität entstehen. Deshalb wird diese Totzeit allzu gerne für eine andere Tätigkeit genutzt, z.B. zum Vormontieren von Komponenten, was im Sinne der Bestände und der Durchlaufzeiten kontraproduktiv ist.

Deshalb ist es wichtig, dass Mitarbeiter die Zusammenhänge in ihrer Fertigungseinheit kennen.
Hier spielt der Vorgesetzte eine entscheidende Rolle. Der Teamleiter könnte in diesem Fall die beteiligten Mitarbeiter fragen, ob Sie Ideen haben, wie man den Arbeitsvorrat jeden Mitarbeiters optimal verteilen kann. Z.B.: „Ich habe gesehen, dass bei Frau Maier ab und zu Wartezeiten entstehen, in denen sie selbstständig weitere Aufgaben übernimmt. Herr Müller hat dagegen soviel zu tun, dass sich dadurch tendenziell noch mehr Ware staut. Gibt es Tätigkeiten, die Frau Maier von Herrn Müller übernehmen kann, damit die Belastung besser verteilt wird?"

Zwischen dem Umsetzen einer Verbesserungsidee und einer nachhaltigen Veränderung können Welten liegen. Wenn Verbesserungen von der Belegschaft als sinnvoll erkannt werden, bleiben sie erhalten und werden gelebt.

Traditionelles betriebliches Vorschlagswesen

Sowohl bei dem traditionellen betrieblichen Vorschlagswesen als auch beim punktuellen Kaizen besteht die Herausforderung für eine Firma darin, die Mitarbeiter für das kontinuierliche Verbessern zu begeistern.

Beim betrieblichen Vorschlagswesen bestehen finanzielle Anreize. Gleichzeitig werden die Einreicher durch die langen Bearbeitungszeiten und die bürokratischen Vorgaben demotiviert. Besonders frustrierend ist es, wenn der Einreicher nach sehr langer Zeit eine Ablehnung erhält. Da es um Geld geht, entstehen teilweise zermürbende Diskussionen wegen der Ablehnungsgründe mit Argumenten und Gegenargumenten.

Umgekehrt kann es auch für die Fachabteilung mit hohem Klärungsaufwand verbunden sein, wenn „gutgemeinte" Vorschläge von Mitarbeitern kommen, die den Prozess nicht beurteilen können. Es werden von Fachabteilungen Vorschläge auch deshalb abgelehnt, weil Kapazität für die Umsetzung fehlt.

Das zentrale Vorschlagwesen wurde deshalb in vielen Unternehmen abgeschafft – ein hoher bürokratischer Aufwand, der mehr Frust als Lust für Ideengeber und Bearbeiter bedeutet.

Zeitgemäßes Vorschlagswesen mittels Kaizen-Karten

Bei vielen Unternehmen wurden Prämien inzwischen abgeschafft. Stattdessen gibt es vorgedruckte „Vorschlags-Kärtchen" und Zielvorgaben für die Mitarbeiter, wie viel umgesetzte Vorschläge erwartet werden. Der Umsetzungsgrad wird auf Gruppen-,

Abteilungs- und Bereichsebene visualisiert. Dies kann in der Praxis tatsächlich ein Ansporn sein.

Bürokratie entsteht dann, wenn die Inhalte der Kaizen-Karten nochmals in ein System übertragen werden müssen, um die Fortschrittskontrolle oder den Umsetzungsgrad zu messen.

Ich empfehle deshalb das folgende einfache System. Vorschläge werden auf größere Post-it-Haftnotizen geschrieben. Diese sind sinnvollerweise mit entsprechenden Überschriften bedruckt:

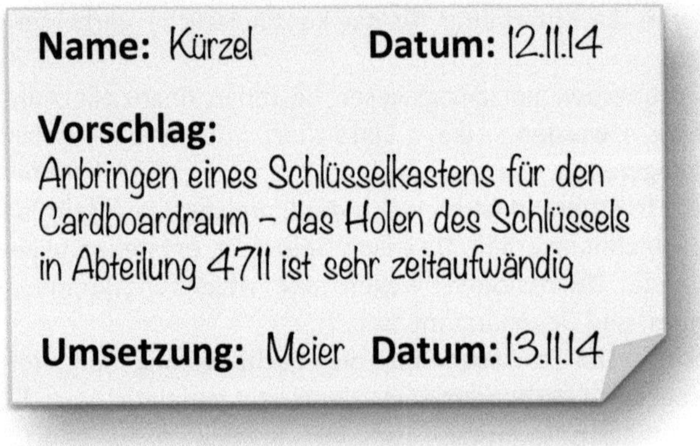

Name: Kürzel   **Datum:** 12.11.14

Vorschlag:
Anbringen eines Schlüsselkastens für den Cardboardraum – das Holen des Schlüssels in Abteilung 4711 ist sehr zeitaufwändig

Umsetzung: Meier **Datum:** 13.11.14

Abbildung 41:
Kaizen-Vorschlagskarten auf vorgedruckten Post-it-Haftnotizen

Ich selber habe grundsätzlich Post-its dabei, so dass ich Ideen sofort zu Papier bringen kann. Verbesserungsvorschläge können so direkt und ohne Übertragungsarbeit an eine Kaizen-Tafel geheftet werden.

Folgende Tafel eignet sich als visueller Standard, um den Umsetzungsgrad der Vorschläge direkt ablesbar zu gestalten.

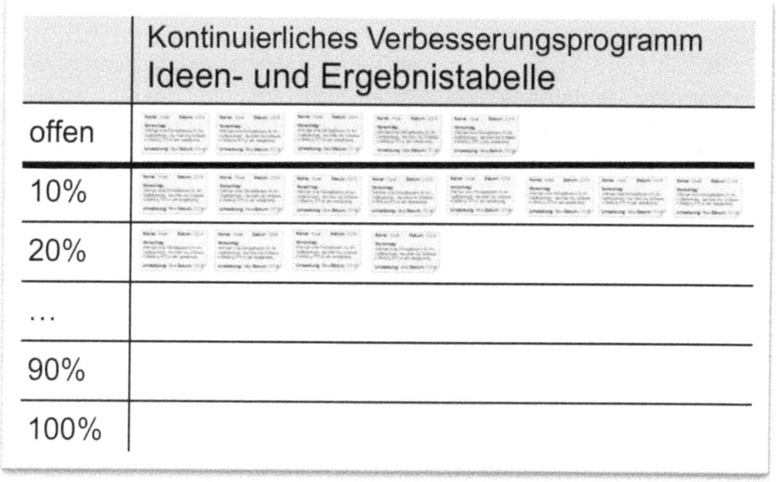

Kontinuierliches Verbesserungsprogramm
Ideen- und Ergebnistabelle

offen					
10%					
20%					
...					
90%					
100%					

Abbildung 42:
Verbesserungsmanagement incl. visueller Umsetzungskontrolle mittels Haftnotizen auf einer Kaizen-Teamtafel (offen = Vorschlag befindet sich in der Bearbeitung, X % = Zielerreichungsgrad an umgesetzten Ideen)

Auch beim zeitgemäßen Vorschlagssystem ist die Realisierung von aufwändigen oder abteilungsübergreifenden Vorschlägen schwierig.

Projekt- oder Prozess-Kaizen

Hier wird der komplette Wertstrom eines Produktions- oder Dienstleistungsprozesses betrachtet und setzt deshalb vor der Verbesserung eine Ist- bzw. Wertstrom-Analyse voraus. Im nächsten Schritt sollten dann Umsetzungs-Ziele und Meilensteine vereinbart werden. Das geschieht idealerweise durch einen Projektauftrag, in dem auch Kennzahlen zum Vergleich vom Ist- und Soll-Zustand definiert sind. Der Blickwinkel richtet sich immer auf den gesamten Prozess.

Hoshin Kanri Kaizen

Hoshin Kanri ist für einen nachhaltigen Verbesserungsprozess von zentraler Bedeutung. Es richtet sich auf die übergeordneten Unternehmensziele, unabhängig von den einzelnen Unternehmensbereichen.

Aus der Vision (Nordstern) werden strategische Ziele (Hoshin) entwickelt, die kaskadenmäßig heruntergebrochen werden und in einem konkreten Umsetzungsplan münden (Kanri).
Jeder Mitarbeiter und Manager bekommt eine Richtung für ehrgeizige Verbesserungsbemühungen. Die Abstimmung der Inhalte erfolgt zwischen den Hierarchien, die Umsetzungsmöglichkeiten werden aber auch in der horizontalen Dimension geprüft und dann nach oben kommuniziert.

Es existiert somit eine realitätsnahe Planung der Verbesserungsprozesse zur Erreichung der strategischen Ziele. Dies schafft Transparenz und vermeidet Reibungsverluste.

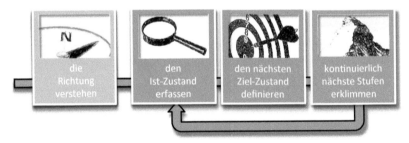

Abbildung 43:
Wenn die Richtung klar ist, können sich die Mitarbeiter in Richtung Zielzustand entfalten.

Praxisbeispiel 1

Komatsu hat 2011 nach der Atomkatastrophe in Japan eindrücklich demonstriert, wie schnell und effektiv notwendige Strom-einsparungs-Maßnahmen umgesetzt werden können.

Komatzu setzte das Ziel, 50% des Energieverbrauchs bis 2015 nachhaltig einzusparen. Die Basis dafür lieferte eine detaillierte Analyse und die Abstimmung der Ziele über die Hierarchien hinweg. Ende 2014 wurde das Ziel nahezu erreicht.

Praxisbeispiel 2

Bei FESTO mündet die Unternehmensstrategie in eine lebendige Zeichnung, in der die Ziele der nächsten Jahre bildhaft skizziert sind. Die obersten Umsetzungsziele werden auf Einzelziele herunter-gebrochen. Dies sind im Normalfall 3-5 Einzelziele pro Fertigungs-gruppe. Der jeweilige Beitrag einer Meisterei zum Gesamtziel wird konkret ausgewiesen und ausgehängt.

Ziel: Produktionskosten um 5 % senken

Dies bedeutet für unsere CNC-Fertigung:

- Rüstzeitsenkung um 20% durch SMED
- Verringerung des Suchaufwands durch 30% weniger WIP
- Verkürzung der Stillstandszeiten um 10% durch vorbeugende Wartung

---

Abbildung 44:
Unterziele einer Meisterei als Aushang (exemplarisch)

Kennzahlen – manchmal ist weniger mehr

„Sage mir, wie Du mich misst und ich sage Dir, wie ich mich verhalten werde."
Uwe Techt

Deutsche Unternehmen sind bei der Generierung von Kennzahlen sehr kreativ. So wundert es nicht, wenn regelmäßig diskutiert wird, ob diese Kennzahlenflut reduziert werden soll – mit mäßigem Erfolg. Immerhin wird für die Generierung der Aushänge nicht selten ein Zeitaufwand von über einem Prozent der Produktionskapazität verbraucht.
Durch diese Flut an Informationen entsteht eine neue Form der Verschwendung: Informations-Muda. Solange „das Schiff" auf diese Weise sicher gesteuert werden kann, ist alles bestens.

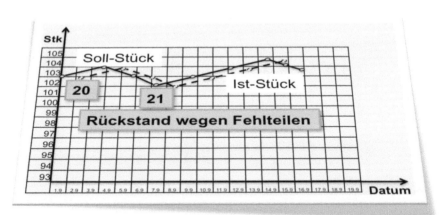

Abbildung 45:
Shopfloor-Management mit manuell erstellten Kennzahlen

Das Problem an dieser Sache ist, dass der „Kapitän" fast nur mit dem Rückspiegel fährt – reicht das wirklich, um den nahenden Eisberg rechtzeitig zu entdecken?

„Den meisten helfen all die Daten nicht weiter.
Was Sie wissen müssen ist:
Welche strategischen Fragen muss ich beantworten?
Welche Variablen sind zu berücksichtigen?"
Jack Welch

Deshalb plädiere ich dafür, bei den Kennzahlen in der Fertigung abzurüsten. Der Aufwand hält sich in Grenzen, wenn der Gruppenleiter die Leistungszahlen des Vortags beim täglichen Startgespräch manuell in eine Tabelle einträgt und bei Abweichungen sofort nachhakt und handelt.
Alternativ können dies die Mitarbeiter selber machen. Selbst mittels einer Strichliste können übersichtliche und visuell ansprechende Kennzahlenboards entstehen:

Produktions-Infotafel				
Uhrzeit von ... bis		Plan-Stückzahl	Aktuell	Kommentar
12.02.15				
06:00	09:00	*35*	Жҭ ЖҭЖҭЖҭll **22**	*Teil 4711 hat gefehlt*
09:00	12:00	*35*	Жҭ ЖҭЖҭЖҭЖҭ ЖҭllЖҭll *37*	
12:00	15:00	*35*	Жҭ ЖҭЖҭЖҭ Жҭlll **27**	*Defekt Drehmaschine*
15:00	18:00	*35*		
18:00	21:00	*35*		
21:00	22:00	*15*		
13.02.15				
06:00	09:00	*35*		
09:00	12:00	*35*		
12:00	15:00	*35*		
15:00	18:00	*35*		
18:00	21:00	*35*		
21:00	22:00	*15*		

Abbildung 46:
Shopfloor-Management mit manuell erstellten Kennzahlen

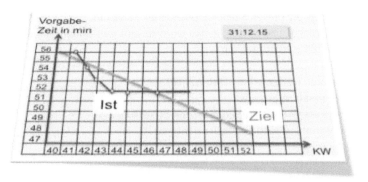

Abbildung 47:
Überwachung von Vorgabezeitentwicklung in der Fertigung
(zum Beispiel auf einem Flipchart)

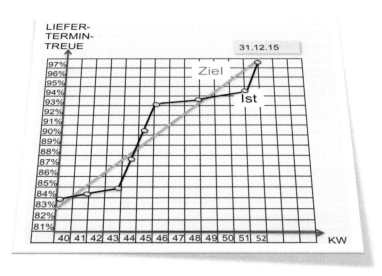

Abbildung 48:
Überwachung der Liefertermintreue in der Fertigung

Null-Fehler hat nichts mit Statistik zu tun

**„Die besten Ideen kommen mir,
wenn ich mir vorstelle, ich bin mein eigener Kunde."**
Charles Lazarus

„Nur der Kunde bestimmt, was wir tun müssen" sagt Dr. Andreas Wendt, Leiter des BMW Werks Regensburg, und spricht davon, dass „bei BMW in Regensburg jeder Mitarbeiter jeden Tag jeden der 300 Kunden glücklich machen muss".
Wenn auch nur ein Auto einen Makel hätte, wäre es für den entsprechenden Käufer in der Situation kein Trost, dass die anderen 299 Fahrzeuge eine Top-Qualität besitzen.
Der Kunde duldet nur „Null Fehler". Aus seiner Sicht gibt es keine Qualitätsprobleme, die laut Pareto-Analyse oder Gaußscher Verteilung vorkommen dürfen. Er möchte nicht Teil einer Statistik sein - er hat noch nicht einmal Verständnis, wenn sein Qualitätsproblem im unwahrscheinlichen Six Sigma Bereich liegt.

Abbildung 49:
Der Kunde erwartet 100% Qualität, d.h. Unternehmen müssen eine kompromisslosen Null-Fehler-Einstellung entwickeln.

Den Kunden interessiert nur das eine, sein Auto. Der Käufer erwartet, dass es im Zentrum der Mitarbeiter steht, die es produzieren. Es ist sein Anspruch, dass sein Produkt wie ein rohes Ei behandelt wird, auch wenn der Mann in der Produktionslinie einen schlechten Tag hat.

„An Qualität erinnert man sich lange,
nachdem der Preis vergessen ist."
Aldo Gucci

Jede kleine Abweichung von der Norm verdient aus seiner Sicht die volle Aufmerksamkeit. Der Kunde erwartet zu Recht 100% Qualität und dieses Versprechen muss erfüllt sein - von allen Mitarbeitern.

Mitarbeiter müssen auf dieses Ziel immer und immer wieder getrimmt werden. Bei einem Prestigeprodukt wie einem BMW braucht man dazu vergleichsweise wenig Überzeugungsaufwand. Schwieriger wird es, wenn eine Null-Fehler-Philosophie in einem Unternehmen gelebt werden soll, das „Cent-Artikel" produziert.

Bei Toyota hat jeder Mitarbeiter drei Aufgaben: Überprüfen der eingehenden Teile auf Mängel, Sicherstellen der eigenen Mängelfreiheit und keine wissentliche Weitergabe defekter Teile. Das Begutachten der Teile ist grundsätzlich ein bewusster Vorgang.

„Qualität muss produziert werden,
sie kann nicht herbeigeprüft werden."
Werner Niefer

Die Qualität muss jederzeit stimmen, selbst wenn dies die Produktivität oder den Endtermin gefährdet. Das ist der Grund warum bei Endress+Hauser gilt: „Qualität vor Termin vor Kosten".

Was nicht auf ein Blatt passt ist nicht durchdacht

„**Wenn Sie Ihre Idee nicht auf die Rückseite meiner Visitenkarte schreiben können, haben Sie kein klares Konzept.**"
David Belasco

Die genialsten Vorhaben werden scheitern, wenn Sie sich deren Umsetzung nicht genau überlegen. Versäumnisse am Anfang führen am Ende zu operativer Hektik und Feuerwehr-Aktionen. Je komplexer eine Aufgabe ist, umso wichtiger ist eine gute Vorbereitung.

Eine Planung macht auch deshalb Sinn, weil Sie so gezwungen werden, Ihre eigenen Gedanken zu strukturieren. Aber zu glauben, dass dann keine Änderungen mehr notwendig sind, wäre naiv. Gerade in unserer vernetzten globalen Welt ist es wahrscheinlich, dass unvorhergesehene Dinge passieren und ein Plan im Laufe der Umsetzung angepasst bzw. verändert werden muss. Das darf keine Ausrede dafür sein, nicht planen zu müssen.

Prinzip der vollständigen Handlung

- Planen Sie komplexere Aufgaben.
- Denken Sie in Alternativen
  (zwingen Sie sich zu weiteren Lösungsvarianten).
- Bringen Sie Ihre Ideen aufs Papier bevor Sie mit Ihrem Chef sprechen und den Vorschlag unterbreiten.
- Nutzen Sie nachvollziehbare Bewertungsmethoden.
- Führen Sie notwendige Abstimmungen mit tangierten Personen/Funktionen durch.
- Sprechen Sie eine Empfehlung aus.
- Das Ergebnis ist ein unterschriftsreifes Papier, zum dem der Entscheidungsträger nur „Ja" oder „Nein" zu sagen braucht.

Mit dem Prinzip der vollständigen Handlung versteht man die vollständige Problembearbeitung in einer Weise, dass der Auftraggeber nur noch Ja oder Nein sagen muss bzw. die Auftragnehmer eindeutig wissen, was bis wann erledigt sein muss.

**„Der erste Schritt zu einem Roman
ist eine Kurzfassung auf einem einzigen Blatt."**
John Steinbeck

In vielen Firmen werden die Ziele im Sinne einer Aufgabenstellung oder eines Projektauftrags selten vom Management zu Papier gebracht. Als Auftragnehmer sollten Sie dennoch auf eine klare Zieldefinition und einen Zielkorridor Wert legen. Dazu gehört die Aufgabenstellung und -abgrenzung, auch Ihr Verantwortungs- und Kompetenzrahmen.
Im Zweifelsfall sollten Sie diese Eckpunkte formulieren. Dies ist zwar ein Initialaufwand. Dadurch schützen Sie sich jedoch vor Missverständnissen und falschen Vorstellungen auf beiden Seiten. Dies ist Ihre Versicherung für nachträglich formulierte Erwartungen durch Ihren Auftraggeber, denn eine Richtungskorrektur auf den letzten Metern ist nicht nur ärgerlich, sondern ineffizient für alle Beteiligten.

Klären Sie das Problem bzw. die Aufgabenstellung idealerweise nach dem 4-Schichten-Modell.

Vier-Schichten-Modell für Veränderungsprozesse

*   Klarheit und Übereinstimmung über den Ausgangspunkt:
    „Was ist überhaupt das Problem?"
*   Klarheit und Übereinstimmung zur Problemlösung:
    „Was soll geändert werden und wie?"
*   Klarheit und Übereinstimmung zum gewünschten Ergebnis:
    „Was werden die positiven Effekte sein?"
*   Klarheit und Übereinstimmung über mögliche Hindernisse:
    „Gibt es negative Effekte oder Stolpersteine?"

Konsequent durch den Tag

„Um Champion zu werden, muss man eine Runde länger kämpfen"
Jim Corbett

Erfolgreiche Menschen unterscheiden sich von weniger erfolgreichen darin, dass sie nicht davon reden, was sie alles erreichen wollen, sondern sie verfolgen konsequent die anstehenden Ziele und Aufgaben.

Konsequente Menschen haben eine außergewöhnlich klare Vorstellung davon, was sie umsetzen wollen und werden. Sie sind fleißig, beharrlich, beweglich, konsequent und geben niemals auf. Haben Sie Geduld und Ausdauer, wenn es darum geht, das gesteckte Ziel zu erreichen.

Konsequent durch den Tag

- Eine gute Planung ist die Basis für den Tag.
- Die Aufgaben werden nach Prioritäten sortiert.
- Der Plan wird konsequent und diszipliniert abgearbeitet.
- Dringendes kann zügig bearbeitet werden, da Reserven eingeplant sind.
- Ablenkungen werden bewusst ausgeblendet.
- Zeitreserven zwischen den Terminen sorgen für Pünktlichkeit.
- Feste Zeitfenster stellen sicher, dass zumindest die wichtigsten E-Mails gelesen werden können.
- Die Vorbereitung der kommenden Tage bildet den Abschluss.

Konsequente Menschen halten sich an das, was sie sagen. Deshalb sind sie konsequent in Bezug auf die Erwartungshaltung an sich selber und an andere Menschen. Wenn ein Kollege sein Versprechen nicht einhält, so sollten Sie das nicht stillschweigend dulden. Haken Sie also freundlich nach, wenn eine versprochene

Leistung nicht erbracht wurde, denn das ist nicht kleinlich, sondern konsequent. Alles andere führt dazu, dass Sie nicht ernst genommen werden.

Praxistipp

Fangen Sie nicht zu viele Dinge gleichzeitig an, sondern versuchen Sie einmal angefangene Aufgaben konsequent vom Tisch zu bekommen, denn jede nicht erledigte Themenstellung belastet Sie indirekt. Diese „offenen Zyklen" kreisen in Ihrem Gehirn und lenken Sie ab. Jede erledigte Aufgabe nimmt dagegen nicht nur Last von der Schulter und macht den Kopf frei, sondern erzeugt Glücksgefühle.

Erstellen deshalb jeweils zweierlei Aktivitäten-Listen. Eine Liste enthält Probleme, die schnell lösbar sind. Der andere Aufgaben-Stapel besteht aus Maßnahmen, die etwas komplexer sind oder bei denen Sie von anderen Abteilungen Unterstützung brauchen. Die Liste mit komplexeren Aufgaben priorisieren Sie (oder Ihr Chef) nach Wichtigkeit, die Liste mit einfachen Aufgaben nach Notwendigkeit - eine gesunde Mischung aus dringenden und wichtigen Anforderungen. Entsprechend arbeiten Sie Ihre Aufgaben von oben nach unten ab und bringen angefangene Aktivitäten in möglichst einem Rutsch zu Ende.

„Schnell und simpel ist besser als langsam und elegant."
John R. Black

Für die Abarbeitung wichtiger komplexer Aufgaben reservieren Sie sich Zeiträume, in denen Sie sich nicht vom Tagesgeschäft ablenken lassen, um die Abarbeitung entsprechend zu strukturieren, zu planen und mit den Beteiligten abzustimmen.

Wenn Sie die Aufgaben beider Listen ausgewogen von oben nach unten abarbeiten, haben sie regelmäßig Erfolgserlebnisse und das Gefühl, dass sich etwas bewegt. Das motiviert.

Persönliche Prioritätsliste (Kanbantafel)		
	Einfache, dringende Aufgaben	Komplexe Aufgaben, Projekte
1	Hier steht die Aufgabe auf einer Post-it Haftnotiz. Dies kann mit kleinen Post-its realisiert werden, so dass die Liste immer dabei ist, kann aber auch an einer Magnettafel oder am PC realisiert werden. **Endtermin:** 13.11.14	Hier steht die Aufgabe auf einer Post-it Haftnotiz. Dies kann mit kleinen Post-its realisiert werden, so dass die Liste immer dabei ist, kann aber auch an einer Magnettafel oder am PC realisiert werden. **Endtermin:** 13.11.14
2	Hier steht die Aufgabe auf einer Post-it Haftnotiz. Dies kann mit kleinen Post-its realisiert werden, so dass die Liste immer dabei ist, kann aber auch an einer Magnettafel oder am PC realisiert werden. **Endtermin:** 13.11.14	Hier steht die Aufgabe auf einer Post-it Haftnotiz. Dies kann mit kleinen Post-its realisiert werden, so dass die Liste immer dabei ist, kann aber auch an einer Magnettafel oder am PC realisiert werden. **Endtermin:** 13.11.14
3	Hier steht die Aufgabe auf einer Post-it Haftnotiz. Dies kann mit kleinen Post-its realisiert werden, so dass die Liste immer dabei ist, kann aber auch an einer Magnettafel oder am PC realisiert werden. **Endtermin:** 13.11.14	
Aufgabenpool	Hier steht die Aufgabe auf einer Post-it Haftnotiz. Dies kann mit kleinen Hier steht die Aufgabe auf einer Post-it Haftnotiz. Dies kann mit kleinen Post-its realisiert werden, so dass die Hier steht die Aufgabe auf einer Post-it Haftnotiz. Dies kann mit kleinen Post-its realisiert werden, so dass die Liste immer dabei ist, kann aber auch an einer Magnettafel oder am PC realisiert werden. **Endtermin:** 13.11.14	

Abbildung 50:
Persönliche Prioritätsliste als Kanbantafel mit Post-it Haftnotizen

Literaturverzeichnis

Aulinger, G. (2014), Beyond what you can see, in: Vortrag, Köln.

Aulinger, G. (2014), Organisationen werden nie besser sein als Ihre Mitarbeiter, in: http://www.verbesserungskata.de.

Brandes, D. (2002), Einfach managen, München.

Brandes, D., Brandes, N. (2014), Einfach managen, Frankfurt.

Breuer, H.-J. (2007), Das Gorilla Prinzip, München.

Blanchard, K. (2008), Das Minuten-Manager-Buch, Hamburg.

Covey, S. (1993), Die effektive Führungspersönlichkeit, Frankfurt/Main.

Drucker, P. (2005), Die besten Ideen von Peter F. Drucker, Hamburg.

Etrillard, S. (2013), Mit Diplomatie zum Ziel, Frankfurt/Main.

Fischer, M. (2014), Erfolg hat, wer Regeln bricht, Wien.

Frehr, H.-U. (1994), Total Quality Management, München.

Freemantle, D. (2000), 80 Tipps für tolle Chefs, Landsberg am Lech.

Frenzel, R. (2000), Das erste Mal Chef, München.

Goldratt, E. (1992), Das Ziel, Frankfurt.

Günther, O. (2014), EFF[3] - unveröffentlichte Präsentationsunterlagen, Berlin.

Haas, M., Romberg, A. (2005), Der Anlaufmanager, Ludwigsburg.

Herb, G. (1997), Entwicklungsprogramm "Kommunikation und Führung", Lautrach.

Holzer, M. (1991), Erkenntnis- und Unternehmensphilosophie, in: unveröffentlichtes Vorlesungsmanuskript der Hochschule Ulm.

KAIZEN-Institute of Europe (1993), Die KAIZEN-Philosophie, Frankfurt/Main.

Kellner, H. (1999), Rhetorik, München.

Kürzel, A. (1991), Alternative Sicht zur Unternehmensführung, in: REFA-Nachrichten, Darmstadt.

Kürzel, A. (1993), Führung und Motivation, in: DOZ, Heidelberg.

Kürzel, A. (1994). Rezept der Gründer, in: Ingenieur Digest, Mainz.

Kürzel, A. (2008), Anlaufmanagement, in: Industrial Engineering, Darmstadt.

Kürzel, A. (2014), 33 Erfolgsrezepte zur persönlichen Weiterentwicklung im Beruf, Berlin.

Leikep, S. (2014), Lean ist Chefsache, in: YOKOTEN Magazin 01/2014, Ansbach.

Liker, J. K. (2009), Die Toyota Kultur, München.

Liker, J. K. (2013), Der Toyota Weg Praxisbuch, München.

May, C. (2004), Akademieprogramm CETPM, Ansbach.

Malik, F. (2014), Wenn Grenzen keine sind. Management und Bergsteigen, Frankfurt/Main.

Osterhammel, B. (2006), Pferdeflüstern für Manager, Weinheim.

Petres, R. (2009), Shopfloor Management, Ludwigsburg.

Rogoll, R. (2011), Werde, der du werden kannst, Freiburg.

Rother, M. (2009), Die Kata des Weltmarktführers, Frankfurt/Main.

Rother, M. (2014), Verbesserungs-KATA Handbuch 20.0a, Ansbach.

Schulte, C. (2009), Logistik, München.

Seidel, E. (1989), Organisation, Wiesbaden.

Siegert, W. (2007), Konferenz mit Ziel und Effizienz, Renningen.

Spitzer, M. (2007), Wie lernt das Gehirn, in: Fachkongress, Ulm.

Sprenger, R. K. (2000), Mythos Motivation, Frankfurt/Main.

Sprenger, R. K. (2007), Vertrauen führt, Frankfurt/Main.

Stalder B. (2008), Effiziente Montage kleiner Lose bei TRUMPF, in: Kongress "Montage 2008", Stuttgart.

Suzaki, K. (1993), New Shop Floor Management, New York.

Techt, U. (2010), Goldratt und die Theory of Constraints, Moers.

Wendt, A. (2014), Qualität trotz Komplexität, in: 25. Deutscher Montagekongress, Fürstenfeldbruck.

Buchempfehlung

Selbstmanagement & Kommunikation
von André Kürzel

Der Sammelband enthält Tipps zu den Themen:
• Umgang mit Kollegen und Chefs
• Strukturiertes und effektives Arbeiten
• Angemessenes Kommunizieren und Präsentieren

Band 3 „Selbstmanagement" war Amazon-Neuerscheinung Nr. 1 und Bestseller Nr. 1 im Bereich Persönlichkeitspsychologie.

Inhalt:

• So erreichen sie mehr
• Erst dienen, dann verdienen
• Vertrauen in Vertrauen
• Seien sie effektiv und effizient
• Schreiben, wenn es zielführend ist
• Grundregeln der Kommunikation
• Sprechen vor Publikum
• Kommunikation bei schwierigen Themen oder Partnern
• Effektive Besprechungen
• Selbstvertrauen und Gelassenheit

Über den Autor

André Kürzel ist Leiter der Produktionsplanung und Instandhaltung bei Endress+Hauser in Maulburg. In dieser Funktion hat er das Produktionssystem eingeführt.
Er ist außerdem Dozent für das Fach Produktionslogistik an der dualen Hochschule Lörrach. Unter der Rubrik "Beruf & Karriere" ist er regelmäßig bei der Badischen Zeitung aktiv.

Seit 1991 veröffentlicht André Kürzel Beiträge zu Produktion, Führung, Anlauf- und Facility Management. Sechs seiner Bücher waren bereits Amazon-Neuerscheinung Nr. 1 und/oder Bestseller Nr. 1 in den jeweiligen Themenbereichen.
Alle seine englischsprachigen Bücher waren Neuerscheinung Nr. 1 im Bereich "Lean Management" auf Amazon.com.

Nach seinem Abitur studierte André Kürzel Produktionstechnik an der Hochschule in Ulm und machte den Abschluss in Rechnungswesen für Ingenieure an der Fernuniversität Hagen.

Im Anschluss war er bei der WMF AG in Geislingen Produktionsleiter und als Hauptabteilungsleiter für die Materialwirtschaft, die Fertigungssteuerung, die Arbeitsvorbereitung und das Projektmanagement verantwortlich.